Dalmatien

von Veronika Wengert

 ADAC Top Tipps

Das müssen Sie gesehen haben!
Die zehn Top Tipps bringen Sie
zu den absoluten Highlights.

 ADAC Empfehlungen

Unterwegs gut beraten: Diese
25 ausgesuchten Empfehlungen
machen Ihren Urlaub perfekt.

Preise für ein DZ mit Frühstück:
€ | bis 750 HRK (100 €)
€€ | bis 1100 HRK (145 €)
€€€ | ab 1100 HRK (145 €)

Preise für ein Hauptgericht:
€ | bis 75 HRK (10 €)
€€ | bis 125 HRK (16,50 €)
€€€ | ab 125 HRK (16,50 €)

1 Picknick im Canyon

Ein grünes Paradies versteckt sich zu Füßen des Velebit-Gebirges. Dort wo der Fluss Krupa durch einen Canyon rauscht, führt ein schmaler Wanderpfad hinab. Nach gut 30 Minuten blitzt die 100 m lange Steinbrücke »Kudin most« (Kudas Brücke) mit fotogenen Pfeilern und Bögen auf. Ein Mann namens Kuda baute sie vor über 200 Jahren, um dadurch den Weg zu seiner Geliebten, Milija, zu verkürzen, die auf der anderen Flussseite lebte ... Picknickdecke nicht vergessen!

■ Anfahrt: in Golubić Richtung »Kudin most« abbiegen, vom Parkplatz gut 1 km zu Fuß

3-mal draußen

2 Sagenhaftes Brač erradeln

Salzige Luft, die vom Meer hinüberweht – doch wonach duftet Brač sonst noch? Und gibt es dort wirklich Elfen? Auf zwei »Storytelling-Radwegen«, die in Bol beginnen, taucht man ein in die Legenden der mitteldalmatinischen Insel. Dazu müssen nur die QR-Codes an den Infotafeln entlang der Routen 767 und 768 mit dem Smartphone gescannt werden, und sofort lauscht man den Erzählungen – auch auf Deutsch! Ein wenig Wadenkraft braucht es aber schon, denn die beiden Radwege haben jeweils eine Länge von 60 km.
■ Touristeninformation Bol, www.bol.hr

3 Dubrovnik vom Kajak aus

Besonders mächtig wirkt die Wehrmauer von Dubrovnik, wenn man sich ihr vom Meer aus nähert – im Kajak. Los geht es unterhalb der Altstadt: Schwimmweste an, ab in den Doppelsitzer, und die Fahrt beginnt. Am Mauerwerk vorbei, taucht das Kajak zunächst in die Betina-Höhle ein, und wer mag, umrundet noch die Insel Lokrum. Wunderbar romantisch ist die geführte Gruppentour bei Sonnenuntergang! Vorkenntnisse sind nicht erforderlich, ein wenig Fitness schadet aber nicht – für die 7 km lange Tour.
■ www.adventuredubrovnik.com, kayak-dubrovnik.com

Inhalt

■ Intro
3-mal draußen 2
Impressionen 6
Auf einen Blick 9

■ ADAC Quickfinder
Das will ich erleben 10
Hier finden Sie die Orte, Sehenswürdigkeiten und Attraktionen, die perfekt zu Ihnen passen.

■ Unterwegs
Norddalmatien: auf Winnetous Spuren 16
1 **Nationalpark Plitwitzer Seen** 18
2 **Nationalpark Paklenica** 20
3 **Novigrader Meer** 22
4 **Insel Pag** 24
5 **Nin** 26
6 **Zadar** 28
7 **Die kleineren Inseln vor Zadar** 33
8 **Insel Ugljan** 34
9 **Insel Dugi otok** 35
10 **Insel Pašman** 36
11 **Biograd na Moru** 37
12 **Naturpark Vransko jezero** 38
Übernachten 40

Norddalmatien: rund um die Festungsstadt Šibenik 42
13 **Insel Murter** 44
14 **Nationalpark Kornati (Kornaten)** 45
15 **Šibenik** 46
16 **Archipel von Šibenik** 52
17 **Nationalpark Krka** 53
18 **Knin** 56
19 **Primošten** 58
Übernachten 60

Mitteldalmatien: römisches Erbe und Traumstrände 62
20 **Trogir** 64
21 **Kaštela** 66

22 Sinj	69
23 Split	70
24 Insel Šolta	78
25 Insel Brač	78
26 Insel Hvar	81
27 Insel Vis	85
28 Omiš	87
29 Makarska	88
30 Makarska Riviera	90
Übernachten	92

Süddalmatien: rund um die »Perle der Adria« ... 94

31 Neretva-Delta und Neum	96
32 Halbinsel Pelješac	98
33 Insel Korčula	101
34 Dubrovnik	104
35 Elaphitische Inseln	113
36 Insel Mljet	115
37 Insel Lastovo	116
38 Cavtat	116
39 Region Konavle	118
Übernachten	121

Umschlag:

ADAC Top Tipps: Vordere Umschlagklappe, innen ❶
ADAC Empfehlungen: Hintere Umschlagklappe, innen ❷

Übersichtskarte Dalmatien Nord: Vordere Umschlagklappe, innen ❸
Übersichtskarte Dalmatien Süd: Hintere Umschlagklappe, innen ❹

■ Service

Dalmatien von A–Z ... 124

Alle wichtigen reisepraktischen Informationen – von der Anreise über Notrufnummern bis hin zu den Zollbestimmungen.

Festivals und Events	129
Chronik	136
Mini-Sprachführer	137
Alle Blickpunkt-Themen in diesem Band	138
Register	138
Bildnachweis	141
Impressum	142
Mobil vor Ort	144

 *Zu diesen Orten und Sehenswürdigkeiten finden Sie Detailkarten im Innenteil des Reiseführers.*

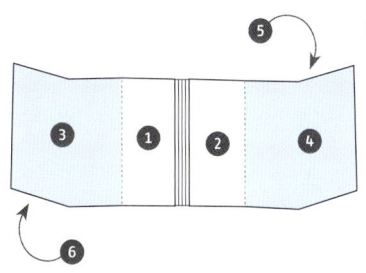

Stadtplan Split: Hintere Umschlagklappe, außen ❺
Ein Tag in Split: Vordere Umschlagklappe, außen ❻

Dalmatien – Europas sonnenverwöhnter Balkon

Mediterraner Küstenzauber, sonnige Inselwelten und Top-Weine locken seit Langem Urlauber nach Dalmatien

Malerische Fischerhäfen wie auf der Insel Hvar locken überall an Dalmatiens Küste

Wie eine Balustrade säumt Dalmatien die türkisfarbene Adria: Historische Städte wie Split, Trogir, Zadar und Dubrovnik schmiegen sich an den Küstenstreifen und blicken auf vorgelagerte Inseln. Im Hintergrund bilden schroffe Felshänge die grandiose Kulisse für diesen vielfältigen Landschaftskosmos.

Spitz wie ein Säbel zulaufend, zieht sich die Region von der Insel Pag im Norden bzw. von der Stadt Karlobag auf dem Festland bis zur montenegrinischen Bucht von Kotor. Ist man auf der Küstenstraße unterwegs, kommen sage und schreibe 450 km zusammen.

Zwischen Bergen und Meer

Flankiert wird die legendäre Adria-Magistrale vom Velebit-Massiv nördlich von Zadar, dem Mosor-Gebirge zwischen Split und Omiš sowie dem

Impressionen aus Dalmatien

Biokovo-Gebirge im Hinterland der Makarska Riviera. In der Adria erstrecken sich 942 Inseln und Riffs (von insgesamt 1244 in ganz Kroatien). Die meisten Inseln, oftmals mit versteckten Badebuchten gesegnet, sind allerdings unbewohnt. Eile? Die wird spätestens auf den Inselfähren einfach davongeweht.

wurden. Skipper segeln durch den Nationalpark Kornati an winzigen Eilanden vorbei – ein fast menschenleeres Paradies. Doch auch die Insel Mljet weist einen Nationalpark auf und besticht mit einer malerischen Klosterinsel in einem Salzsee. Wer Naturoasen mag, findet am größten See Kroatiens, dem Vransko jezero, oder im Neretva-Delta ursprüngliche Vogelparadiese.

Fit im Freien
Überall in Dalmatien bieten sich herrliche Wandermöglichkeiten: Auf fast jedem Inselchen und hinter jedem Badeort wellt sich ein Hügel mit schöner

Vom rauen Gebirge des Paklenica Nationalparks (unten) ist man rasch an romantischen Küsten (ganz unten)

Nationalparks mit betörenden Naturspektakeln
Landschaftliche Höhepunkte Dalmatiens sind gleich fünf Nationalparks, davon drei im Landesinneren und zwei in der Adria: Die Plitwitzer Seen und der Nationalpark Krka bezaubern mit rauschenden Wasserfällen, der Nationalpark Paklenica hingegen mit fast senkrechten Felsschluchten, die durch die Winnetou-Verfilmungen berühmt

Dalmatien – Europas sonnenverwöhnter Balkon

Aussichtskuppe. Radeln ist vor allem in der Nebensaison auf den zahlreichen Inseln angesagt, wo längst nicht so viele Autofahrer wie auf der legendären Adria-Magistrale unterwegs sind. Wer lieber im Wasser aktiv ist, findet in Dalmatien bestimmt die Möglichkeit, seinem Lieblingssport zu frönen: Segler ankern in stillen Buchten, Wind- und Kitesurfer schätzen die Lagune bei Nin, Bol auf der Insel Brač und Viganj

> *Man kann sich keine schöneren Olivenbäume träumen, als man hier sieht.*
>
> Ida von Düringsfeld

auf der Halbinsel Pelješac. Dugi otok gilt mit seinen Unterwasser-Steilwänden als bevorzugtes Taucherparadies, und Omiš ist das unangefochtene Rafting-Mekka Dalmatiens.

Antikes Straßenpflaster

Küstenstädte mit antiken Wurzeln, wie Zadar, Trogir, Split und Dubrovnik, oder das mittelalterliche Šibenik wirken wie belebte Open-Air-Museen. Das Kulturerbe ist reich: römische Straßenzüge, Tempelreste und venezianische Campanile, die das rote Dächergewirr der Küstenstädte überragen. Schon die Griechen wussten die Reichtümer Dalmatiens zu schätzen und kultivierten Olivenhaine und Weinreben, wovon UNESCO-geschützte, antike Parzellen auf Hvar zeugen. Überhaupt pflegt die UNESCO eine lange Liste in Kroatien.

Wehrhafte Mauern

Monumentale Wehrmauern, etwa in Dubrovnik oder Ston, erzählen wortlos die Geschichte einer Region, die schon immer Begehrlichkeiten weckte: Mit ihren venezianischen Festungen wurden Osmanen und lokale Piraten aus

Ein beliebter Treffpunkt: der Hauptplatz von Trogir mit Cafés und Uhrturm

Omiš oder der Neretva-Region ferngehalten. Nur die Republik Ragusa, heute Dubrovnik, bewahrte ihre Freiheit – bis Napoleon kam. Im jüngsten Krieg (1991–95) halfen die Wehrmauern nicht: Hotels wurden zu Orten der Flucht, das Pflaster färbte sich blutrot, und bis heute erkennt man – aus der Luft – die ausgetauschten Dachziegel der herausgeputzten Altstädte von Dubrovnik, Šibenik und Zadar.

Entschleunigung – gewusst wie

Die Dalmatiner, benannt nach dem illyrischen Stamm der Delmater (Dalmater), pflegen eine südliche Gelassenheit. Slow Food ist kein Modetrend, sondern hat Tradition: Gäste werden gerne mit regionalen Gerichten und gutem Wein bewirtet – am liebsten hausgemacht (»domaće«). Wichtig ist auch das tägliche Kaffee-Ritual: eine »kava« im Straßencafé mit Plausch. Tun Sie es den Dalmatinci gleich: Nippen Sie eine »kava« in einem »kafić« – Entschleunigung garantiert!

Kurvige Küsten-Magistrale

Dalmatien ist mit einer modernen Autobahn im Hinterland gut erschlossen. Die neue Pelješac-Brücke erspart Reisenden ab Juni 2022 die Fahrt durch Bosnien und Herzegowina. Ein gutes Busnetz macht es leicht, das Auto auch mal stehen zu lassen. Die Autofähren auf die Inseln sind zuverlässig, verlangen im Sommer aber einen Zeitpuffer. Ein Tipp zum Schluss: Nehmen Sie sich bei der ersten Begegnung mit Dalmatien nicht zu viel vor und konzentrieren Sie sich auf die Höhepunkte. Vermutlich werden Sie ohnehin wiederkommen, wenn Sie die schöne Landschaft und die gastfreundlichen Dalmatiner erst einmal kennengelernt haben!

Auf einen Blick

Hauptstadt Kroatiens *Zagreb (ca. 800 000 Einw.)*

Größte Stadt in Dalmatien *Split (178 000 Einw.)*

Sprache *Kroatisch*

Einwohner *860 000, ganz Kroatien 4 Mio.*

Währung *Kuna (Kn oder HRK), Stückelung in Lipa*

Staatsform *Parlamentarische Republik*

Fläche Dalmatien *12 951 km² (kleiner als Schleswig-Holstein)*

Höchste Erhebung in Kroatien *Dinara 1831 m*

Größte Insel in Dalmatien *Brač (395 km²)*

Tourismus *20 Mio. Urlauber (2019)*

Religion *mehrheitlich römisch-katholisch*

Wichtigste Vokabeln *»fjaka« heißt die dalmatinische Version der Siesta; »dir« bedeutet »eine Runde drehen«*

Wichtigster Satz *»Ajmo na kavu!« = »Lass´ uns etwas trinken gehen!«*

Kroatiens Exportschlager *Vegeta (Würzpulver)*

Weltberühmte Erfindung *Die Krawatte*

Darauf sind die Dalmatiner stolz *Auf das »klarste Meer der Welt«! Und auf »ihren« Fußballclub Hajduk Split*

Das will ich erleben

V ersprenkelte Inselwelten, schroffe Gipfel und sprudelnde Wasserfälle: In Dalmatien mit seinen wunderbar mediterranen Landschaften gerät man schnell ins Schwärmen. Zum Morgenkaffee auf eine »Piazza« mit venezianischen Palästen, dann auf den Fischmarkt oder ins Museum, am Nachmittag an den Strand und abends die Sonne mit einem Sundowner an einer eleganten Riva verabschieden – das macht Dalmatien so reizvoll. Ob man zum Baden oder Segeln nach Dalmatien reist, ob man lieber Sandburgen baut oder gegrillte Fische genießt – hier findet jeder sein Erlebnis, das zu ihm passt.

Schätze der Römerzeit

Wo früher Kaiser Diokletian in Split seine alten Tage verbrachte, bummeln heute Urlauber – und wo sich das Volk in Zadar traf, tollen Kinder über die erhaltenen Steinsäulen: Römische Kultur gibt es oftmals mittendrin. Und das ist wirklich einzigartig.

| 6 | **Forum in Zadar** | 29 |

Antike Säulenreste neben der Shoppingmeile

| 21 | **Ruinenstadt Salona** | 68 |

Fundamente einer großen Vergangenheit

| 23 | **Diokletianpalast in Split** | 71 |

Kaiserlicher Ruhesitz mit opulenten Bauwerken

| 31 | **Museum Narona in Vid** | 97 |

Römische Skulpturen in futuristisch-modernem Bau

Einzigartige Landschaften

Schäumende Wasserfälle, winzige Eilande, weiße Karstgebirge und beeindruckende Buchten – die Landschaften Dalmatiens sind ausgesprochen vielfältig und laden zu interessanten Entdeckungstouren auf dem Wasser und an Land ein.

| 1 | **Plitwitzer Seen** | 18 |

Winnetou-Romantik vor rauschenden Wasserfällen

| 14 | **Nationalpark Kornati** | 45 |

Bootstour an 150 kahlen Inselhügeln vorbei

| 30 | **Makarska Riviera** | 90 |

Küstensaum mit kargen Felswänden im Rücken

| 39 | **Oštri rt auf der Halbinsel Prevlaka** | 119 |

Kroatiens Südspitze lugt in die Bucht von Kotor

ADAC Quickfinder

Spaß für Familien

In Dalmatien gibt es für den Nachwuchs viel zu entdecken. Vor allem natürlich Strand und Meer. Doch es gibt noch mehr Dinge, die die Kleinen begeistern: bunte Feste, mächtige Burgen und tierische Begegnungen ...

- **5 Kraljičina plaža in Nin** ... 27
  Flache Lagune mit Sand, Sand, Sand ...
- **15 Kinderfestival in Šibenik** ... 51
  Zwei Wochen lang Theater, Spiel und Tanz
- **15 Falknerei in Dubrava** ... 51
  Beeindruckende Greifvögel hautnah erleben
- **28 Piratenschlacht in Omiš** ... 88
  Kostüm- und Bootsspektakel auf der Cetina

Buntes Marktgeschehen

Der Besuch auf einem lebhaften Bauernmarkt ist immer etwas ganz Besonderes. Übrigens: Vieles, was es dort zu kaufen gibt, eignet sich prima als Mitbringsel für daheim.

- **6 Bauernmarkt in Zadar** ... 32
  Frische Feigen von den Inseln kosten
- **23 Gewölbekeller in Split** ... 74
  Hübschen Schmuck in antikem Ambiente kaufen
- **23 Grünmarkt in Split** ... 77
  Zwischen bunten Obstbergen und Flip-Flops stöbern
- **31 Im »Tal der Mandarinen«** ... 97
  Süße Früchte werden gleich säckeweise angeboten

Spezialitäten des Meeres

In Dalmatien muss Fisch dreimal schwimmen: zunächst im Meer, dann in Olivenöl und schließlich in Wein. Einige Spezialitäten mit Fisch oder Meeresgetier sollten Sie unbedingt probieren.

- **26 Konoba Maestro in Hvar (Stadt)** ... 84
  Typischer Insel-Fischtopf »Gregada«
- **31 Đuđa i Mate in Vid** ... 97
  Frosch- und Aal-Eintopf mit langer Tradition
- **32 Kapetanova kuća in Mali Ston** ... 101
  Frische Austern direkt vor der Haustüre
- **38 Bugenvila in Cavtat** ... 118
  Petersfisch auf moderne Art aus der Schauküche

Das will ich erleben

Mächtige Bollwerke

Früher sollten die mächtigen Festungen Angreifer abwehren, heute ziehen sie viele Besucher an. Wer Festungen mag, wird Dalmatien lieben.

15 Festung Sveti Mihovil in Šibenik 48
Modernisierte Kulisse für Sommerkonzerte

18 Festung Knin 56
Kroatiens größtes Fort: Symbol der Unabhängigkeit

26 Festung Španjola in Hvar (Stadt) 82
Falkenblick auf versprenkelte Inselchen

28 Festung Mirabela in Omiš 87
Hoch über dem spektakulären Cetina-Canyon

Die schönsten Strände

Strände sind zum Sonnenbaden da. Oder zum Sandburgen bauen, Wasserball spielen oder Abtanzen – ganz wie es gefällt. Und dass in Dalmatien die Kiesel- und Felsstrände überwiegen – wen stört das schon? Angesichts des glasklaren Wassers und der traumhaften Panoramablicke, die sich all zu oft dort bieten.

25 Zlatni rat auf der Insel Brač 79
Der Postkartenstrand Dalmatiens schlechthin

27 Plaža Stiniva auf der Insel Vis 86
Von Felsen eingerahmter »einsamer« Strand

30 Punta rata in Brela 91
Wo das Biokovo-Gebirge fast bis ins Meer abfällt

Glanzlichter sakraler Baukunst

Dalmatiens Kirchen und Kathedralen beeindrucken durch meisterhafte Baukunst, durch wertvolle sakrale Gegenstände – oder aber durch ihre einzigartige Lage, etwa mitten in einem See.

5 Kathedrale von Nin 26
Die kleinste Kathedrale der Welt

15 Kathedrale von Šibenik 47
Ohne Mörtel erbautes Meisterwerk

17 Insel Visovac im Nationalpark Krka 54
Romantische Klosterkirche auf Mini-Eiland

20 Kathedrale von Trogir 65
Filigran gemeißeltes Eingangsportal

ADAC Quickfinder

Sportliche Herausforderungen

Bei schönem Wetter lässt es sich in Dalmatien prima aktiv werden, im Wasser oder an Land. Vieles kann man auf eigene Faust unternehmen, bei einigen Action-Programmen aber sollte man besser auf geführte Gruppen setzen.

- **2 Klettern im Nationalpark Paklenica** 21
  Wagemutige kleben an senkrechten Felsen
- **28 Rafting in der Cetina-Schlucht** 88
  Mit dem Paddel durch den tosenden Canyon
- **32 Wind- und Kitesurfing in Viganj** 101
  Perfekt gestraffte Segel dank Maestral-Brise
- **34 Kajak-Tour vor Dubrovnik** 112
  Die »Perle der Adria« vom Wasser aus erleben

Perfekte Sundowner-Plätze

Alfred Hitchcock war sich sicher, »den schönsten Sonnenuntergang der Welt« an der Uferpromenade von Zadar erlebt zu haben. Doch auch anderswo gibt es wunderbare Orte, an denen die Sonne tiefrot ins Meer eintaucht.

- **15 Bistro Barone in Šibenik** 49
  Modernes Festungscafé über der Stadt
- **27 Festung St. George auf Vis** 86
  Dinner auf britischer Militärfestung
- **34 Buža Bar in Dubrovnik** 111
  Legendäre Klippenbar in Felsloch

Berühmte Filmkulissen

Dubrovnik war gestern. Heute heißt die Stadt »Königsmund«, zumindest für Anhänger der beliebten Fantasy-Saga »Game of Thrones«. Doch in Dalmatien gibt es noch mehr Drehorte, die Filmfans anziehen.

- **1 Kaluđerovac-See, Plitwitzer Seen** 19
  Winnetous »Silbersee« heißt eigentlich Kaluđerovac
- **3 Zrmanja-Plateau bei Jasenice** 22
  Winnetous Blutsbrüderschaft, hoch über dem Fluss
- **17 Nationalpark Krka** 53
  Indianer-Romantik an den Wasserfällen
- **34 Festung Lovrijenac in Dubrovnik** 105
  Residenz »Roter Bergfried« in »Game of Thrones«

Unterwegs

Malerisch erstreckt sich die historische Altstadt von Primošten auf einer Halbinsel, nur durch einen schmalen Landstreifen mit dem Festland verbunden.

Norddalmatien: auf Winnetous Spuren

Berühmte Nationalparks, eine faszinierende Inselwelt und Kulturstädte wie Zadar machen den Reiz dieser Region Norddalmatiens aus

Die meisten Dalmatien-Besucher zieht es an die Küste, wo herrliche Badebuchten, schmucke Städtchen und eine zauberhafte Inselwelt zu erholsamen Urlaubstagen einladen. Nicht weniger lohnend aber sind Stippvisiten ins Landesinnere. Tief im Hinterland, in der Bergregion Lika, zischt und brodelt es: Tosend stürzen hier die berühmten Wasserfälle im Nationalpark Plitwitzer Seen hinab und verbinden sich zu drachengrünen Ketten. Wildwest-Romantik kommt spätestens im Nationalpark Paklenica mit seinen Schluchten auf, aber auch hoch über dem Zrmanja-Canyon. Berühmt wurden die Naturschönheiten, seit Winnetou in den 1960er-Jahren durch genau diese imposanten Landschaften galoppierte.

Die erste größere Stadt in Norddalmatien ist Zadar, reich an Kultur, Kirchen und Museen. Familien mit Kleinkindern zieht es an die Strände rund um Nin oder Biograd na Moru. Und Naturfreunde kommen an den Seeufern des Vransko jezero auf ihre Kosten. Ruhe findet sich auch auf den Inseln vor Zadar: Ugljan und Pašman sind grün, Dugi otok besticht mit Steilklippen.

In diesem Kapitel:

1	Nationalpark Plitwitzer Seen	18
2	Nationalpark Paklenica	20
3	Novigrader Meer	22
4	Insel Pag	24
5	Nin	26
6	Zadar	28
7	Die kleinen Inseln vor Zadar	33
8	Insel Ugljan	34
9	Insel Dugi otok	35
10	Insel Pašman	36
11	Biograd na Moru	37
12	Naturpark Vransko jezero	38
	Übernachten	40

ADAC Top Tipps:

1 **Nationalpark Plitwitzer Seen**
| Landschaft |
Traumhafte Wasserkaskaden, die durch eine grüne Karstlandschaft rauschen: Seit 1979 sind die berühmten Plitwitzer Seen UNESCO-Weltnaturerbe. 18

 Nationalpark Paklenica
| Schluchten |
Das lang gestreckte Velebit-Gebirge lädt zum Aktivurlaub ein: ein Kletter- und Wanderparadies mit senkrechten, engen Felsschluchten, durch die schon Winnetou ritt. 20

 Meeresorgel/Gruß an die Sonne, Zadar
| Kunstinstallationen |
Die bezaubernde Küstenstadt verfügt nicht nur über eine antike Altstadt, sondern auch über eine einzigartige Meeresorgel, deren Melodie Wind und Wellen bestimmen – und über eine tolle Lichtinstallation. 31

ADAC Empfehlungen:

 Zrmanja-Plateau, Jasenice
| Aussichtspunkt |
Blick auf eine atemberaubende Fluss- und Canyonlandschaft, Kulisse für die »Winnetou«-Filme. 22

 Paški most, Insel Pag
| Aussichtspunkt |
Obligatorischer Fotostopp vor der Pager Brücke (Paški most): Protagonisten sind die Steinwüste, die Adria und der Velebit. 25

 Kirche Sveti Donat, Zadar
| Kirche |
Ein Blickfang am Forumsplatz ist die Rundkirche Sveti Donat. 30

 Naturpark Telašćica, Dugi otok
| Steilklippen |
An den steilen Felsklippen über der Adria haben zahlreiche Tier- und Pflanzenarten, darunter Wanderfalken, ihr Refugium gefunden. 35

 Naturpark Vransko jezero
| Landschaft |
Ein Anziehungspunkt für Ornithologen, denn der See ist Brutplatz von zahlreichen Vogelarten. 38

Nationalpark Plitwitzer Seen

 Wasserfälle prägen Kroatiens berühmtesten Nationalpark

ⓘ Information

■ Nationalparkverwaltung Plitwitzer Seen, 53231 Plitvička jezera, Tel. 053/751015, www.np-plitvicka-jezera.hr, Sommer tgl. 7–20, Frühling, Herbst tgl. 8–18, Winter tgl. 8–15 Uhr, Juni–Sept. 300 HRK, erm. 200/120 HRK, April, Mai, Okt. 180 HRK, erm. 110/50 HRK, Nov.–März 80 HRK, erm. 50/30 HRK, unter 7 Jahre frei, auch Zweitageskarten, Online-Ticket empfehlenswert

Die Wassermassen im Nationalpark Plitvička jezera stürzen kaskadenförmig hinab und ergießen sich in insgesamt 16 blaugrün schimmernde Seen. Sie sind das Herzstück des 300 km² großen Nationalparks in der Bergregion Lika, die Heimat wild lebender Bären, Luchse und Wölfe ist. Zwölf Obere und vier Untere Seen, die durch Bäche, Flüsse und Wasserfälle miteinander verbunden sind, locken die meisten Besucher an – dabei machen die Seen flächenmäßig nicht einmal 2 km² aus. Zu den Höhepunkten gehört der 78 m hohe Veliki slap (»Großer Wasserfall«) im unteren Seenbereich. Bei den Oberen Seen ist der 16 m hohe Galovački buk (»Galovac-Wasserfall«) besonders imposant. Die Karstlandschaft verändert sich im Lauf der Zeit. Dieser sogenannte Versinterungsprozess (S. 19) war für die UNESCO 1979 einer der Gründe, den Nationalpark als Weltnaturerbe zu listen.

Berühmt und viel besucht sind die Plitwitzer Seen; schmale Wege führen hindurch

Nationalpark Plitwitzer Seen

Im Blickpunkt

Wunderbare Wasserfälle im Wandel

Karstlandschaften dominieren nicht nur die kroatische Küste, sondern auch das Hinterland. Ein faszinierendes Karstphänomen ist dabei, dass sich die Wasserlandschaft im Lauf der Zeit langsam, aber stetig verändert, so z. B. bei den Plitwitzer Seen. Dies geschieht durch Ablagerungen. Bei diesem sogenannten Versinterungsprozess werden im Wasser gelöstes Kalzium und Magnesium – unter Mitwirkung von Algen und Moosen mit Austritt an die Atmosphäre – ausgefällt. Es kommt zur Bildung von Sinterbarrieren, einer Art Kalkstufen im Wasser. Diese wachsen jährlich nur wenige Zentimeter, verändern jedoch den Wasserlauf ganz allmählich.

Im deutschsprachigen Raum wurden die Plitwitzer Seen zunächst durch die »Winnetou«-Verfilmungen (1962–68) nach den Romanen von Karl May berühmt. Der legendäre »Schatz im Silbersee« wurde dort im Kaluderovac-See versenkt. Der dünn besiedelte Nationalpark war im Heimatkrieg ab 1991 umkämpft, hier fielen die ersten Schüsse. Der Tag ist als »Blutiges Ostern« in die Geschichte eingegangen. Wildromantische Einsamkeit dürfen Sie rund um die Plitwitzer Seen nicht erwarten: Bis zu 1,5 Mio. Besucher zählt der Nationalpark jährlich. Im Sommer geht es oft im Gänsemarsch über die Holzplanken rund um die Wasserfälle. Der Kauf von Online-Tickets vorab wird daher empfohlen!

Parken

Die meisten **Parkplätze** gibt es an **Eingang 1 und 2** (Ulaz 1/2), während Eingang 3 nur ein Behelfseingang (Winter) ist. Im Sommer früh kommen, die Parkplätze (Pkw 10 HRK/Std.) sind dann im Nu besetzt, die Schlangen an den Bussen und Panoramazügen lang!

Wandern

Gut ausgebaute Spazierwege und Holzplanken führen auf **sieben Rundwegen** (3,5–18 km Länge) quer durch die Seenlandschaft. Die Lieblingsroute vieler Parkbesucher verläuft von Eingang 1 (Ulaz 1) zum Wasserfall Veliki slap an den Unteren Seen vorbei (2–3 Std.). Fernab der Seen wird es ruhiger (Karte im Infozentrum).

In der Umgebung

Junge Braunbären, die ohne Mutter aufwachsen müssen, werden von Freiwilligen in einem Öko-Dörfchen im

ADAC Spartipp

Wer nur die Hauptattraktion der Plitwitzer Seen entdecken will, kann Juni–Sept. eine **vergünstigte Halbtageskarte** lösen: 200 HRK statt 300 HRK/ Erw., erm. 125/70 HRK, gilt Juni–Aug. ab 16, Sept. ab 15 Uhr. In 2–3 Std. schafft man eine Rundtour am Veliki slap, dem Großen Wasserfall, vorbei (3,5 km).

1 Nationalpark Plitwitzer Seen

ADAC Mobil

Wer mit Kindern an den Plitwitzer Seen unterwegs ist, nimmt am besten das **Elektroboot** über den größten See, Kozjak, oder den **Panoramazug** zurück zum Ausgang. Beides ist im Eintrittspreis enthalten. Mit Kinderwagen kommen Sie nicht weit: lieber auf eine Wandertrage (»Kraxe«) umsteigen!

Lika-Gebirge aufgepäppelt. ■ Pod Crivon 103, Kuterevo (ca. 40 km östlich vom Nationalpark-Eingang), Tel. 053/79 92 22, www.baerenfreunde-kuterevo.de, April–Okt. tgl. 9–19 Uhr, Spende erbeten

2 Nationalpark Paklenica

Auf Winnetous Spuren durch bleiche Kalksteinschluchten

 Information

■ Nacionalni park Paklenica, 23244 Starigrad-Paklenica, Tel. 023/36 98 03, www.np-paklenica.hr, Park ganzjährig geöffnet, Besucherzentrum nur Mai–Sept., 60 HRK, Frühjahr/Herbst 40 HRK, Winter 20 HRK, Online-Tickets erhältlich

Eine wunderbare Karstwelt erwartet Besucher im Velebit-Gebirge: Beim Eingang in den 1949 gegründeten, 96 km² großen Nationalpark Paklenica fallen sofort wagemutige Kletterer auf, die an fast senkrechten Felswänden kleben. Der spektakuläre Canyon Velika (»Große«) Paklenica führt ziemlich schmal in das Karstgebirge hinein und besticht mit bis zu 400 m hohen Felswänden und Sturzbächen. Das Velebit-Massiv erstreckt sich parallel zur Adria, was wildromantische Berg-, aber auch Meer-Panoramen von den Gipfeln aus garantiert.

Wer auf Winnetous Spuren wandern möchte, folgt den nummerierten Holzschildern: Sie markieren die Original-Drehorte aus den 1960er-Jahren.

 Sehenswert

Podzemni grad
| Bunker |

Ein geheimer Schutzbunker, den der ehemalige jugoslawische Staatspräsident Tito ab 1950 in rund dreijähriger Bauzeit anlegen ließ, wurde erst vor wenigen Jahren freigelegt. Mit Natur-Ausstellung und Café. Vom Parkeingang führt ein ebener Weg in gut 10 Min. durch die Schlucht dorthin.

Manita peć
| Tropfsteinhöhle |

Bizarre Karstformationen, die aussehen wie eine Hexe oder Orgel, erwarten Wanderer nach 1,5 Std. Fußmarsch (Wanderschuhe!) in der Höhle Manita peć (175 m lang), auf etwa 570 m Höhe.
■ Zugang nur mit Führung: April Sa 10–13, Mai, Okt. Mo, Mi, Sa 10–13, Juni Mo, Mi, Sa, So 10–13, Juli–Sept. tgl. 10–13 Uhr, 30 HRK, erm. 15 HRK (Anmeldung auf der Webseite)

 Parken

Eine Parklücke finden Sie entlang der **Zufahrtsstraße zum Haupteingang/** Eingang 1 (früh kommen).

 Restaurants

€€–€€€ | **Etno kuća Marasović** In dem urigen Bauernhaus werden Velebit-

Nationalpark Paklenica

Spezialitäten serviert; mit schönem Innenhof, Ethno-Ausstellung und Info-Punkt (Nationalpark). ■ Trg Tome Marasovića 1, Starigrad-Paklenica (Zufahrtsstraße zum Park), Tel. 023/359339, tgl. 12–23 Uhr

Sport

Klettern Jeder dritte Besucher ist Kletterer! Rund 400 gut markierte Kletterrouten, mit Wachdienst im Sommer, gibt es. Die bekannteste und anspruchsvollste Kletterwand ist Anića kuk (bis zu 350 m lang). In dem längsten Abschnitt der Velika Paklenica-Schlucht, Klanci, können auch Kinder Klettern lernen (Kurse, Ausrüstung). Trubelig geht es beim **Internationalen Kletterer-Treffen** zu (rund um den 1. Mai). ■ www.paklenica-avanturist.com

 Wandern

150 km Wanderwege Der Klassiker führt vom Parkeingang zur Berghütte Paklenica (50 Betten), an Wasserfällen vorbei (mittelschwer, 2 Std., etwa 400 m Höhenunterschied). Zum höchsten Gipfel, Vaganski vrh (1757 m), oder für eine Rundwanderung durch die Mala (»Kleine«) Paklenica-Schlucht (nach Regenfällen nicht empfehlenswert) sollten erfahrene Wanderer etwa 8 Std. einplanen. Wanderausrüstung erforderlich!

In der Umgebung

Muzej Winnetoua i Karla Maya Die Winnetou-Filmcrew kam während der Dreharbeiten im Motel Alan unter. Heute erinnern im Winnetou- und Karl-May-Museum Kostüme, Plakate

Entlang der Küste erstreckt sich das 145 km lange, oft menschenleere Velebit-Gebirge

Nationalpark Paklenica

ADAC Mobil

Kurvige Küstenstraße

Die Adria-Magistrale windet sich stellenweise ganz nah am Meer entlang und wird von schroffen Felsen flankiert – eine Panoamastraße! Die Kehrseite: **viele Kurven**, oft **unübersichtlich** und **schmal.** Hat es im Sommer längere Zeit nicht geregnet, kann die Straße durch den Staubfilm sehr rutschig werden. Geht es in der Hauptreisezeit nur langsam voran, wird oft riskant überholt – halten Sie immer **ausreichend Abstand** zum Vordermann! Manche Orte, etwa Omiš südlich von Split, werden an Sommerwochenenden zum Nadelöhr, da braucht es Geduld – oder die Umfahrung auf der Autobahn.

und ein Original-Kanu an den berühmten Indianerhäuptling. ■ Ul. dr. Franje Tuđmana 14, Starigrad-Paklenica, www.hotel-alan.hr, April–Okt. Mo–Sa 11–12, Mo, Mi, Fr auch 17–18 Uhr, Eintritt frei, Spende erbeten

Novigrader Meer

Atemberaubende Schluchten, Brücken und Fotomotive vor Velebit-Kulisse

Information

■ TZ, Trg kralja Tomislava 1, 23312 Novigrad, Tel. 023/37 50 51, www.visitnovigrad.hr

Das Novigrader Meer (Novigradsko more), eine Bucht, die sich südlich des Nationalparks Paklenica tief ins Landesinnere einschneidet, wird im Hintergrund flankiert vom kargen Velebit-Gebirge. Nach Osten geht es über einen schmalen Kanal ins Kariner Meer (Karinsko more) über. Wer von der Autobahn A1 abfährt, findet in dieser Gegend wunderbare Aussichtspunkte, Brücken und Canyons – allesamt wunderschöne Fotomotive.

Sehenswert

Zrmanja-Plateau/Pariževačka glavica, Jasenice
| Aussichtspunkt |

 Auf den Spuren von Winnetou und Old Shatterhand

Das ist Winnetou-Filmkulisse, wie wir sie lieben: Durch den bleichen, kargen Zrmanja-Canyon windet sich der gleichnamige, smaragdgrüne Fluss. Von einem Aussichtspunkt auf dem Zrmanja-Plateau, Pariževačka glavica, fällt der Blick über diese unverfälschte Landschaft. Es ist genau die Stelle, an der Winnetou und Old Shatterhand Blutsbrüderschaft schlossen und wo ein andermal das Apachen-Pueblo stand! Auf der Leinwand heißt die Zrmanja übrigens »Rio Peco« – und von Kakteen keine Spur, die gehörten zur Kulisse. Ein Abstieg in den Canyon ist allerdings nicht möglich, das Terrain ist halsbrecherisch steil.

■ Anfahrt: Entlang der B54 von Maslenica/Posedarje in Richtung Obrovac, etwa 1,5 km nach Jasenice bei Strommast Nr. 87 auf einer kleinen Stellfläche parken, 10 Min. unbefestigter Fußweg zum Aussichtspunkt

Maslenički most, Maslenica
| Brücke |

Die knallrote Maslenica-Brücke spannt sich 315 m über die gleichnamige, steil abfallende Meeresenge. Sie verbindet das Velebit-Gebirge mit der Gespanschaft Zadar. Auf beiden Seiten gibt es Parkplätze, im Sommer kann man in der Mitte der Brücke wagemutige Bungee-Jumper beobachten. Im Heimatkrieg 1991 wurde die Brücke gesprengt, die Region Zadar war dadurch vom übrigen Kroatien komplett abgeschnitten. Die »neue« Maslenica-Brücke wurde als Abschnitt der Autobahn A1 errichtet, allerdings einige hundert Meter versetzt. Da sie aufgrund der starken Bora-Fallwinde häufig gesperrt werden muss, baute man 2005 wieder die »alte« Maslenica-Brücke über dem Meeresarm auf, um den Verkehr darüber umzuleiten.

Festung Fortica, Novigrad
| Burgruine |
Das historische, touristisch wenig erschlossene Novigrad (2200 Einw.) schmiegt sich malerisch ans Ende einer Bucht im Novigrader Meer. Steile Treppengassen führen östlich der Ortsmitte zur Tvrđava Fortica aus dem 14. Jh. hinauf, die vergessen über dem Ort thront – mit tollem Ausblick!

Kirche Sveti Duh, Posedarje
| Kircheninsel |
Ein hübsches Fotomotiv vor Velebit-Bergkulisse ist die winzige Heilig-Geist-Kirche bei Posedarje: Sie ziert ein kleines Eiland, das Holzplanken mit dem Ufer verbinden. Die Glocke im Kirchturm läutet nur einmal pro Jahr, am Patronatstag. Leider ist die Kirche meist verschlossen. Tagsüber baden hier gerne Familien mit Kleinkindern im seichten Wasser, am Ufer trifft man sich bis spät in der Strandbar »Stars«.
■ Anfahrt: von Posedarje etwa 1 km in Richtung Novigrad, Parkplatz an der Straße (Schild »Sveti Duh«)

 Erlebnisse

Bootsfahrten Auf dem Fluss Zrmanja werden Bootstouren mit Foto-Safari entlang der Winnetou-Drehorte bis zu den kleinen Wasserfällen angeboten; auch Kanu- und Rafting-Touren.
■ Zrmanja River Tours, Kusić 5, Novigrad, Tel. 092/360 83 87, www.f-zrmanja.com, Bootsfahrt 250 HRK, erm. 150 HRK

Im Blickpunkt

Sorgt für Gesprächsstoff: die Bora

Die Bora (kroat. »bura«) ist Gegenstand des täglichen Plauschs in Dalmatien: Man spricht gern über den trockenen, kalten Fallwind, der plötzlich und orkanartig auftreten und zu dramatischen Temperaturstürzen führen kann. Das tut er vor allem in der kühleren Jahreszeit: An solchen Tagen wird die Maslenica-Brücke der Autobahn gesperrt, Fähren bleiben im Hafen. Besonders gefürchtet ist die Bora im Velebit-Kanal, wo sie mit einer Geschwindigkeit von weit über 200 km/h vom gleichnamigen Gebirge hinunterpeitschen kann. Mit ihrer Stärke hat die Bora viele Inseln auf der Festlandseite blankgeschliffen. Manchmal legen sich typische »Borawolken« wie eine Walze über den Velebit-Gebirgskamm. Allein ist die Bora nicht: In Dalmatien kennt man auch den Jugo, einen warmen feuchten Südwind, der Saharasand mit sich bringen kann. Der Maestral gilt hingegen als Schönwetterwind, der tagsüber vom Meer her weht.

4 Insel Pag

Karge Insel, die mit einem ganz besonderen Käse und feinen Spitzen lockt

Information

■ TIC, Vela ulica 18, 23250 Pag (Stadt), Tel. 023/611286, www.tzgpag.hr

Der Bora-Fallwind hat die Insel Pag (8500 Einw.) vielerorts glattgeschliffen: Auf ihrer Festlandseite wirkt sie wie eine Mondlandschaft, während in windgeschützten Tälern Weintrauben und Oliven gedeihen. Pag gilt als nördlichste Insel Dalmatiens. Zumindest teilweise, denn hier verläuft die verwaltungstechnische Trennung zwischen Kvarner Bucht und Dalmatien. Die nordöstliche Landzunge Lun prägen knorrige Olivenbäume, die bis zu 2000 Jahre alt sind und zu einem schattigen Spaziergang einladen. Der nach Pag (Stadt) zweitgrößte Inselort, Novalja, erstreckt sich ebenfalls im Norden. Familien teilen sich dort die Badestrände mit Partygängern aus ganz Europa: Der Strand Zrće mit seinen Disco-Clubs gilt als das »Ibiza Kroatiens«. Wer auf dem Landweg über die Pager Brücke anreist, kommt an den Salzgärten der Solana Pag vorbei, die sich kurz vor der Inselhauptstadt erstrecken und leider nicht besichtigt werden können. Dafür lohnt die Altstadt von Pag den Ausflug!

Sehenswert

Pag (Stadt)
| Stadtbild |
Gepflasterte Gassen führen durch den größten Ort der Insel (3800 Einw.). Den

Beschaulich geht es in Pag-Stadt zu, das von Bauten aus der Renaissance geprägt ist

Hauptplatz prägt die Mariä-Himmelfahrt-Kirche (Marijino Uznesenje) mit einer hübschen Schmuckrosette an der Fassade. Gegenüber fällt der Rektorenpalast (Kneževdvor) auf, der das Spitzenmuseum (Galerija Paške čipke) beherbergt: Die Pager Spitzen, die aufwendig genäht (nicht geklöppelt!) werden, gehören zum immateriellen UNESCO-Weltkulturerbe. Diese Tradition wird hier weitervererbt.

Auf die winzige Halbinsel Prosik, gegenüber der Altstadt, führt eine steinerne Bogenbrücke. Dort erzählt das in den ehemaligen Salzlagerhäusern untergebrachte Salinenmuseum (Muzej soli) vom »weißen Gold«, das seit Jahrhunderten auf Pag gewonnen wird.

■ Spitzenmuseum: Mai, Juni, Mitte Sept.–Mitte Okt. 10–12, Juli–Mitte-Sept. 10–12, 20.30–22.30 Uhr, 15 HRK; Salzmuseum: 15. Juni–1. Sept. 10–13, 19–22 Uhr, 15 HRK, erm. 10 HRK, unter 12 Jahre frei.

Paški most
| Aussichtspunkt |

 Fotogene Mondlandschaft an der Pager Brücke

Wer von Süden her auf die Insel Pag anreist, etwa aus Zadar, sollte einen Fotostopp vor der 301 m langen Pager Brücke (Paški most) einplanen: Von einem weitläufigen Schotterparkplatz fällt der Blick auf eine unwirkliche Steinwüste, die zur Adria hin steil abfällt. Im Hinterland steigt das Velebit-Gebirge steil auf. Flankiert wird diese eindrucksvolle Schnittstelle zwischen Gebirge und Meer von einem Canyon, der sich ins Landesinnere einschneidet. Unmittelbar hinter der Brücke zweigt eine gut ausgebaute Asphaltstraße ab, die zur frei zugänglichen Festungsruine Fortica auf einem Kap mit Leuchtfeuer führt.

Vegetationslos und steinig – Pag gleicht mancherorts einer Mondlandschaft

Verkehrsmittel

Die Autofähre benötigt vom Festland (Prizna) auf die Insel Pag (Žigljen) gut 15 Min. Von Zadar bis zur mautfreien Inselbrücke sind es 30 km.

Parken

Pag (Stadt), am Ufer Šetalište A. Hebranga, 7–23 Uhr, 7 HRK/Std., Parkplatz auf Prosik (vor dem Salzmuseum): 10 HRK/Std.

Restaurants

€€ | **Restaurant Dudo** In das kleine Restaurant gehen die Insulaner gerne, wenn sie gute Lammgerichte essen

4 Insel Pag

ADAC Wussten Sie schon?

Die Insel Pag ist für ihren goldgelben Käse berühmt, **Paški sir**. Die Bora peitscht das Meer auf, dabei legen sich die Salzkristalle wie feiner Sprühnebel auf die Wildkräuter, von denen sich die Schafe ernähren. Das verleiht der Milch – und dem Lammfleisch – eine ganz besondere Note. Während der Hartkäse reift, wird er mit Meersalz und Olivenöl eingerieben.

möchten. ■ Zadarska ul. 71, Dinjiška, Tel. 023/69 10 55, Sommer tgl. 11–23 Uhr

Einkaufen

In der Altstadt von Pag verkaufen Frauen die feinen **Pager Spitzen** direkt vor ihren Häusern. Ab 200 HRK.

5 Nin

Hübsches Lagunenstädtchen mit berühmter Mini-Kathedrale

Information

■ TZ, Trg braće Radića 3, 23232 Nin, Tel. 023/26 52 47, www.nin.hr

Nin (2800 Einw.) ist zwar klein, schrieb jedoch große Geschichte: Vermutlich vom illyrischen Stamm der Liburner gegründet, gilt es als älteste Königsstadt des Landes mit gleich zwei ungewöhnlichen Kirchen. Familien bevölkern gern die Sandstrände der Lagune, die sich rund um Nin und den Nachbarort Zaton zieht. Bei der Anreise aus Zadar führt die Straße durch die Salzgärten, die Nin Reichtum bescherten.

Sehenswert

Altstadt
| Stadtbild |

Von einer Wehrmauer umgürtet, erstreckt sich Nin auf einer gerade mal 500 m langen Insel. Zwei Brücken binden das Städtchen ans Festland an, ein Steintor (16. Jh.) führt hinein. Beide Brücken wurden 2017 bei einer Überschwemmung stark beschädigt. Infotafeln zeigen Bilder der großen Flut.

Kathedrale Sveti Križ
| Kathedrale |

Kathedralen sind groß? Nicht immer. Mitten in Nin versteckt sich, winzig und bescheiden, die »kleinste Kathedrale der Welt«: Die Hl.-Kreuz-Kirche (Sveti Križ) im vorromanischen Stil (9. Jh.) gilt als eines der bedeutendsten Gotteshäuser dieser Zeit. Hier wurden die altkroatischen Könige gekrönt. Die schmalen Fensterschlitze nutzte man früher, abhängig vom Lichteinfall, als Kalender und Sonnenuhr.

■ Ul. Petra Zoranića 8

Solana Nin
| Saline |

Sonne, Meer und Wind: Mehr braucht es nicht, um in der Saline von Nin Meersalz zu ernten. Die Ernte des »weißen Goldes« blickt auf 1500 Jahre Tradition zurück. Ein Mini-Museum, »Salzhaus« (Kuća soli), erinnert mit kurzem Einführungsfilm und einigen Exponaten daran. Die Salzgärten können nur im Rahmen einer Führung besichtigt werden. Hier leben 200 Vogelarten, darunter viele Stelzenläufer.

■ Ilirska cesta 7, www.solananin.hr, Museum: Sommer tgl. 7–21, Winter Mo–Fr 7–15 Uhr, 35 HRK; Führung (Sommer): zu jeder vollen Std. 8–12, 17–19 Uhr, 75/65 HRK

Im Mittelalter Bischofssitz: In Nin wurden angeblich sieben Könige gekrönt

Restaurants

€€ | **Aenona** Das unprätentiöse Restaurant mit schattiger Terrasse serviert solide dalmatinische Gerichte, gegenüber vom Gregor von Nin-Denkmal. ■ Ul. Petra Zoranića 2, Tel. 023/26 40 52, tgl. 7–23 Uhr

Einkaufen

Solana Nin Der moderne Shop im Eingangsbereich der Saline führt Meersalzblüte, die als »Kaviar« unter den Salzen gilt. Ur-Salzbrühe Salamura hilft gegen verschiedene Zipperlein, Schokolade mit Meersalzblüte zergeht auf der Zunge. ■ Adresse s. o.

Kinder

Strandvergnügen Kraljičina plaža, der »Königinnenstrand«, ist der berühmteste Abschnitt in der flach abfallenden Lagune um Nin: Die kilometerlangen Sandstrände, die sonst so selten in Kroatien sind, eignen sich für Kleinkinder und Nichtschwimmer. Spaß macht es, sich mit schwarzem Heilschlamm einzuschmieren. ■ Beschilderung »Ljekovito blato« folgen. Parken 30 HRK/Tag

Sport

Kitesurfen Sie haben die Lagune um Nin für sich entdeckt, ein Abschnitt am flachen Stadtstrand Ždrijac gehört nur den Kitesurfern. ■ Kurse: Tel. 091/588 89 12, www.kiteboarding-croatia.com

In der Umgebung

Nikolaus-Kirche Zeit für einen Fotostopp: Malerisch thront die winzige, altkroatische Crkva Svetog Nikole (Sveti Nikola, 12. Jh.) auf einem kleinen Hügel. Der Miniatur-Wachturm mit Schießscharten wurde während der Türkenangriffe errichtet. Besichtigung leider nur von außen! ■ Direkt neben der Straße, 2 km von Nin in Richtung Zaton/Zadar, großer Parkplatz

6 Zadar
Kulturmetropole und Tor zur dalmatinischen Küste

Eine der beliebtesten – und bekanntesten – Flaniermeilen: die Promenade von Zadar

Information

- TIC/Stadt Zadar, Ul. Jurja Barakovića 5, 23000 Zadar, Tel. 023/416166, www.zadar.travel; TZ/Region Zadar, Anschrift s. o., Tel. 023/315316, www.zadar.hr
- Parken siehe S. 31

Auf einer schmalen Landzunge schiebt sich die Altstadt von Zadar (75000 Einw.) in die Adria. Wer über das antike Pflaster bummelt, durchquert lebhafte Plätze, und begibt sich auf eine spannende Zeitreise: Die Römer hinterließen rechtwinklige Straßenzüge und ein antikes Forum, von den Venezianern zeugen hingegen Renaissancepaläste und eine mächtige Stadtmauer mit hübschen Zugängen. An einem Lieblingsort treffen sich alle, Besucher wie Bewohner: an der Uferpromenade, die für zwei einzigartige Kunstinstallationen berühmt ist und vor allem bei Sonnenuntergang bezaubert.

Sehenswert

1 Stadtmauer
| Festungsmauer |
Die mächtige Stadtmauer (Gradski bedemi) sollte die Republik Venedig ab dem 16. Jh. vor Osmanen und Piraten

Zadar **6**

**Plan
S. 30/31**

Museum für antikes Glas
| Museum |

Das Muzej antičkog stakla hütet bunte Flaschen, Vasen und Krüge aus der Römerzeit. Eine Schauwerkstatt führt in die hohe Kunst der Glasbläserei ein.
■ Poljana Zemaljskog odbora 1, www.mas-zadar.hr, Juni–Okt. tgl. 9–21, Nov.–April Mo–Sa 9–16 Uhr, Glasbläserei Mo–Sa 10–14 Uhr, 30 HRK, erm. 10 HRK

❸ Narodni trg
| Platz |

Auf dem lebhaften Volksplatz trifft man sich in Cafés, im Schatten von Renaissance-Palästen, einer barocken Loggia (16. Jh.) und dem Rathaus von 1934.

Römisches Forum
| Platz |

Steintafeln und Säulenstumpen auf antikem Pflaster: Reste des römischen

schützen: Sie umgürtet die Altstadt auf fast 3 km Länge, wurde jedoch an vielen Stellen durchbrochen. Seit 2017 gehört sie, als ein Abschnitt des venezianischen Verteidigungssystems in der Adria, zum UNESCO-Welterbe. Vom Festland, auf Höhe der Brücke, führt das Seetor (1573) in die Altstadt hinein; im Osten wacht ein venezianischer Löwe (1543) über das hübsch verzierte Renaissance-Landtor mit seinen drei Bögen, gleich über dem winzigen, malerischen Hafen Foša. Rechter Hand öffnet sich der Trg Pet Bunara (Platz der fünf Brunnen), mit Zisternen, Turm und schattigem Park, den Clubgänger am Abend bevölkern.

ADAC Mobil

Die meisten Hotels befinden sich auf der nördlich der Altstadt gelegenen Halbinsel Borik. Mit dem **Stadtbus** (Nr. 5, 8) kommt man von dort zum Busbahnhof, gegenüber der Altstadt auf dem Festland. Tickets gibt es beim Fahrer (10 HRK) oder am Tisak-Kiosk (16 HRK/2 Fahrten). Fahrplan (Engl.): www.liburnija-zadar.hr. In Brückennähe stoppt ein **Touristen-Bimmelzug** (20 HRK). Dort kann man sich auch ein **Fahrrad** leihen (mehrere Mietstationen; Kreditkarte, www.nextbike.hr).

Forums finden sich direkt neben der trubeligen Fußgängermeile Široka ulica, auch »Kalelarga« genannt. Die »Breite Straße« war zu römischen Zeiten die Ost-West-Achse (Decumanus maximus) der Stadt. Überhaupt stammt das rechtwinklige Straßennetz noch von den Römern.

⑤ Archäologisches Museum
| Museum |

Der Gebäudeklotz am Forum hütet auf drei Stockwerken antike Fundstücke, die noch von dem illyrischen Stamm der Liburner zeugen, die hier lange vor den Römern siedelten. Spannend im Arheološki muzej ist vor allem die römische Stadtgeschichte: Vieles wurde in unmittelbarer Umgebung, rund um das Forum, gefunden. Beschriftung auch auf Englisch.

■ Trg opatice Čike 1, www.amzd.hr, Juni–Mitte Juli tgl. 9–19, Mitte Juli–Mitte Sept. tgl. 9–21 Uhr, übrige Zeit verkürzt, 40 HRK (inkl. Sveti Donat)

⑥ Schatzkammer
| Museum |

Die Benediktinerinnen zeigen ihre wertvollen Kirchenschätze ebenfalls am Forumsplatz: Die Sammlung »Zlato i srebro Zadra« (»Gold und Silber von Zadar«) umfasst kostbare Reliefs, Handschriften und filigrane Deckchen aus Goldfäden.

■ Trg opatice Čike 1, Sommer Mo–Sa 10–13, 17–19, So 10–13, Winter Mo–Sa 10–12.30, 17–18.30 Uhr, 30 HRK

⑦ Kirche Sveti Donat
| Kirche |

Das Wahrzeichen von Zadar prägt den Forumsplatz

Eine Rundkirche mit drei Apsiden, die bis unters Dach hinaufreichen. Das ist zwar recht ungewöhnlich, wirkt jedoch sehr harmonisch. Bischof Donatus (Sveti Donat) ließ die Kirche im 9. Jh. errichten. Musikliebhaber schätzen die gute Akustik des Gotteshauses, das heute auch gerne für Konzerte genutzt wird.

■ Rimski forum, www.amzd.hr, Juni–Mitte Juli, Sept. tgl. 9–21, Mitte Juli–Ende Aug. 9–22, April, Mai, Okt. 9–17 Uhr, 20 HRK

⑧ Kathedrale Sveta Stošija
| Kathedrale |

Die dreischiffige Kathedrale der hl. Anastasia am Forumsplatz gilt als größtes romanisches Gotteshaus (12. Jh.) in Dalmatien, mit gotischer Rosette an der Fassade. Der Bau des freistehenden Glockenturms begann zwar schon im 15. Jh., doch erst im 19. Jh. wurden die oberen Stockwerke – im neoromanischen Stil – vollendet. 150 Stufen führen hinauf und beloh-

nen die Anstrengung mit einem Top-Ausblick auf das rote Dächergewirr der Altstadt.

■ Kirche: Sommer tgl. 8–18.30, Winter 8–17 Uhr; Turm: Sommer 10–17 Uhr, 15 HRK

9 Meeresorgel/ Gruß an die Sonne

| Kunstinstallationen |

Wo die Wellen des Meeres Klänge erzeugen

An der äußersten Spitze der Uferpromenade (»Riva«) hört man ungewohnte Töne: Sie stammen von der Meeresorgel (Morske orgulje), die als weltweites Unikat gilt und längst zum Publikumsliebling avanciert ist. Die Klanginstallation wurde in die hellen Steinstufen der Ufermauer eingelassen. Sie umfasst ein System aus 35 Plastikrohren, die ebenso viele verschiedene Töne erzeugen können. Gesteuert wird die Meeresorgel mechanisch, nur von Wind und Wellen – ganztags, ohne Stopp.

Die Lichtinstallation »Gruß an die Sonne«, direkt nebenan, hat hingegen erst am Abend ihren großen Auftritt. Sie stammt ebenfalls vom Gegenwartskünstler Nikola Bašić. Dabei wurden Hunderte kleiner Solarlichter kreisförmig, mit einem Durchmesser von 22 m, in die Uferpromenade eingelassen. Ab der Dämmerung flimmert der Lichtkreis bunt auf und wird zum Spiel- und Bummelplatz. Das Besondere daran: Das Leuchten ist auf den Rhythmus der Meeresorgel abgestimmt!

P Parken

Auf dem großen **Parkplatz nahe der Fußgängerbrücke** (Festland) dürften Sie eher Glück haben als entlang der Stadtmauer (alles gebührenpflichtig).

6 Zadar

Restaurants

€€–€€€ | Konoba Bonaca Solide Fleisch- und Fischplatten werden in einer ruhigeren Ecke der Altstadt serviert. ■ Trg tri bunara 4, Tel. 097/91366 29, tgl. 11–23.30 Uhr, Plan S. 30/31, b2

€€–€€€ | Matanovi Dvori In dem dezent eingerichteten Restaurant mit Terrasse wird vorzüglich gekocht: Das Risotto ist zum Niederknien. ■ Ul. dr. Franje Tuđmana 135, Sukošan (11 km südl. von Zadar, an der Adria-Magistrale), Tel. 023/39 36 01, www.matanovi-dvori.hr, tgl. 9–23 Uhr, Plan S. 30/31, südl. e3

€€€ | Niko Köstlicher Fisch mit Meerblick lohnt den Weg in den Stadtteil Borik. ■ Obala kneza Domagoja 9, Tel. 023/337888, www.hotel-niko.hr, So geschl., Plan S. 30/31, nordwestl. a2

Cafés

Art Kavana Wunderbar verzierte Torten in modernem Interieur. Der Käsekuchen mit feiner Lavendelnote ist ein Geschmackserlebnis. ■ Ul. Bartula Kašića 1, Tel. 023/40 08 00, tgl. 7–23 Uhr, Plan S. 30/31, e1

Einkaufen

Maraska Maraschino heißt der klare, bittersüße Sauerkirsch-Likör aus der regionalen Maraska-Kirsche. Er gilt als typisches Mitbringsel aus Zadar! Im fabrikeigenen Laden wird er verkostet. Hier gibt es auch eine gute Auswahl an weiteren Likören zu erschwinglichen Preisen. ■ Ul. Nadbiskupa Mate Karamana 3, www.maraska.hr, Juli, Aug. Mo–Fr 9–22, Sa 8–12, 17–22, So 9–13, übriges Zeit 9–16 Uhr, Plan S. 30/31, b2

Tržnica Auf dem Bauernmarkt kommen Sie kaum umhin, regionale Köstlichkeiten zu probieren: Olivenöl, Pager Käse, Liköre und luftgetrockneten »pršut« (Schinken). ■ Pod Bedemom bb, tgl. 7–13 Uhr, Plan S. 30/31, c1

Kneipen, Bars und Clubs

Ledana Angesagte Lounge-Bar im Königin-Jelena-Park, nachts stimmungsvoll beleuchtet. ■ Perivoj kraljice Jelene Madijevke, www.ledana.hr, Sommer tgl. 8–4 Uhr, Plan S. 30/31, e2

The Garden Lounge Schattige Kult-Terrassenbar mit Blick auf die Stadtmauer und köstlichen vegetarischen, veganen und »raw«-Gerichten. In cremeweißen Lounge-Polstern wird zu DJ-Musik gerne gechillt. ■ Liburnska obala 6, Sommer tgl. 10–24 Uhr, Plan S. 30/31, b1

Kinder

Muzej iluzija Da klebt jemand an der Wand? Das wirkt nur so, wie viele andere optische Täuschungen im Museum der Illusionen. Nicht nur der Nachwuchs wird hier seinen Augen kaum trauen! ■ Poljana Zemaljskog odbora 2, www.zadar.muzejiluzija.com, Juni–Sept. tgl. 9–22, April, Mai, Okt., Nov. tgl. 10–20, Dez.–März tgl. 10–16 Uhr, 70 HRK, erm. 50 HRK, Familien 200 HRK, Plan S. 30/31, d1

ADAC Wussten Sie schon?

Als US-Filmregisseur **Alfred Hitchcock** 1964 zu Gast in Zadar war, schwärmte er vom »schönsten Sonnenuntergang der Welt«. Ein großformatiges Fotoplakat an der Riva erinnert heute an den ach so gern zitierten Besucher.

Die kleinen Inseln vor Zadar

Kurs auf die Insel Pašman, wo viele Festlandbewohner ein Ferienhaus besitzen

7 Die kleineren Inseln vor Zadar

Sie sind weithin unbekannt und gerade deshalb eine Reise wert

Von Zadar fällt der Blick nicht aufs offene Meer, sondern auf eine Inselwelt, die sich vor der Stadt erstreckt. Touristisch recht gut erschlossen im Archipel von Zadar sind Ugljan (S. 34), Pašman (S. 36) und Dugi otok (S. 35), aber auch der Nationalpark Kornaten (S. 45). Doch es gibt auch weniger bekannte Inseln vor Zadar, die Erholung versprechen.

Silba (15 km²), mit dem gleichnamigen, einzigen Inselort (150 Einw.) ist ideal zum Entspannen: Den »toreta«, einen 30 m hohen Turm mit Außentreppe, ließ ein Kapitän für seine junge Geliebte errichten. Die Insel ist für ihre feinkiesigen, seichten Strände bekannt. Die finden erholungsuchende Urlauber auch auf den Nachbarinseln: Olib (140 Einw., 25 km²) bewacht ein 400 Jahre alter Wachturm, die Insel Molat (200 Einw., 22 km²) ist mit Kiefern bewachsen. Wunderbar grün ist auch die Insel Iž (600 Einw., 15 km²): Dort verspricht der 168 m hohe Hügel Korinjak einen schönen Panorama-Blick. Auf vielen Inseln finden sich Überreste aus römischer Zeit.

Verkehrsmittel

Alle bewohnten Inseln sind mit der Fähre an Zadar angebunden, es verkehren auch Ausflugsboote zu Badebuchten. ■ www.jadrolinija.hr, www.gv-zadar.hr, www.miatours.hr

8 Insel Ugljan

Die malerische »Oliveninsel« hat die Hafenstadt Zadar fest im Blick

Information

■ TZO, Magazin 8, 23273 Preko, Tel. 023/28 61 08, www.preko.hr

Gefällt Ihnen das?

Neben Galovac gibt es weitere Klosterinseln in Dalmatien, so z. B. in den **Nationalparks Krka** (Visovac, S. 54) und **Mljet** (Veliko jezero, S. 115).

Die grüne, mediterrane Insel Ugljan (51 km², 7500 Einw.) erstreckt sich wie ein längliches Band vor Zadar. In Sichtweite vom Festland liegt Preko (3800 Einw.). Ein paar Natursteinhäuser, Restaurants und Souvenirshops drängen sich rund um den Hafen. Gebadet wird an der lebhaften Promenade, direkt davor erhebt sich das Inselchen Galovac mit Franziskanerkloster. Der ruhigere Hauptort Ugljan (1000 Einw.), 10 km nordwestlich, lohnt mit dem kleinen Franziskanerkloster Sveti Jeronim einen Abstecher. Von den Sandstränden in der Umgebung ist Muline vielleicht der schönste.

Ursprünglich waren Ugljan und seine südlichere Nachbarinsel Pašman miteinander verbunden. Um den Seeweg von Zadar zu den übrigen Inseln zu verkürzen, wurde die Doppelinsel durchtrennt, eine Brücke verbindet die Inseln seitdem miteinander. Schon die Römer schätzten das Öl, das auf der »Oliveninsel« Ugljan gepresst wird.

Von Zadar aus ist es nur ein Katzensprung bis zu Ugljans Hauptort Preko

Verkehrsmittel

Die **Autofähre** ab Zadar-Gaženica legt nach gut 25 Min. in Preko an. ■ www.jadrolinija.hr

 Wandern

Sveti Mihovil Oberhalb von Preko belohnt die Festungsruine Sveti Mihovil (Hl. Michael) den einstündigen, mittelschweren Aufstieg mit einem Inselwelt-Ausblick! Im Hochsommer ausreichend Wasser und Sonnenschutz nicht vergessen!

9 Insel Dugi otok

Die »Lange Insel« besticht mit hohen Klippen und einem Salzsee

 Information

■ TZ Dugi otok, Obala Petra Lorinja bb, 23281 Sali, Tel. 023/37 70 94, www.dugiotok.hr
■ Naturparkverwaltung, Sali, Tel. 023/37 70 96, www.pp-telascica.hr

Der Blick auf die Landkarte verrät sofort, warum sie »Lange Insel« heißt: Dugi otok (1500 Einw., 113 km²) zieht sich über 45 km in die Länge, ist allerdings an seiner breitesten Stelle nur 4 km breit. Üppiges Grün überzieht die Insel, die im Südosten erst mit einem Salzsee aufwartet und dann mit Steilklippen atemberaubend schroff ins Meer abfällt. Skipper umkreisen die winzigen Nachbarinselchen. Im Hauptort Sali (750 Einw.) lässt es sich an hübschen Fassaden rund um den Hafen herrlich bummeln, im Bade- und Taucherort Božava (90 Einw.) geht es ein wenig lebhafter zu.

 Sehenswert

Svetionik Veli rat
| Leuchtturm |
Kurios: Für den Bau des 1849 errichteten Leuchtturms Veli rat, an der nordwestlichsten Inselspitze, wurden seinerzeit 100 000 Eigelbe verwendet, um ihn vor Wind und Wellen zu schützen. Die Familie des Leuchtturmwärters vermietet in dem 42 m hohen Leuchtturm Apartments und verkauft Gemüse aus dem eigenen Garten. 183 Stufen führen hinauf, eine Besichtigung ist möglich (direkt vor Ort fragen).
■ Veli rat, Ferienwohnung/Buchung: www.lighthouses-croatia.com

Sakarun
| Strand |
Die Touristenbahn ruckelt von Božava zum flach abfallenden Sand-Kiesstrand Sakarun (auch: Saharun), der im Sommer rappelvoll ist. Einen Tick ruhiger geht es am Kiesstrand Veli žal an der Nordwestküste zu (Badeschuhe!).

Naturpark Telašćica
| Steilklippen |
 Mächtige Steilklippen und ein zauberhafter Salzsee
Steil abfallende, gut 160 m hohe Felsklippen erheben sich im Naturpark Telašćica, der die südliche Inselhälfte einnimmt – ein spektakulärer Anblick. Ganz in der Nähe wird im Salzsee Mir gebadet, einem flach abfallenden See – der unterirdisch mit der Adria verbunden ist – mit hügeligem, schattigem Ufer und Heilschlamm. Das tun auch die Gäste der Ausflugsschiffe, daher wird es hier erst gegen Abend ruhiger. Der Naturpark umfasst insgesamt 13 Inselchen in der Umgebung, südlich davon grenzt unmittelbar der

9 Insel Dugi otok

Gefällt Ihnen das?

> Sie mögen Salzwasser, aber keine Wellen? Einen Salzsee gibt es auch in **Rogoznica** (S. 59), einen auf der **Insel Lokrum** (S. 112) vor Dubrovnik und einen Doppel-See auf der Insel **Mljet** (S. 115).

Nationalpark Kornati an. Von Sali sind es knapp 3 km zur Telašćica-Bucht, zu Fuß oder mit dem Fahrrad.

Verkehrsmittel

Autofähre von Zadar-Gaženica nach Bribinj oder **Personenschnellboot** von Zadar-Altstadt nach Božava ◼ www.jadrolinija.hr

Events

Saljske užance Höhepunkt des dreitägigen Fischerfestes in Sali, mit viel Musik und Tanz, ist ein Eselrennen (1. Wochenende im Aug.).

Kinder

Tauchkurs Unter deutscher Kursleitung können Nachwuchs-Taucher (ab 10 Jahren) die herrliche Unterwasserwelt entdecken. ◼ Tauchschule Božava, Tel. 099/9512264, www.bozava.de

10 Insel Pašman

Ursprüngliche grüne Insel mit ruhigen Badebuchten

Information

◼ TZO, Mulina 6, 23212 Tkon, Tel. 023/285213, www.tzo-tkon.hr

Auf Pašman (60 km², 3400 Einw.) kommt fast ein wenig Robinson-Crusoe-Stimmung auf: Die Westküste ist wild und zerklüftet, die Insel ursprünglich und grün, mit Feigenbäumen, Rosmarin, Olivenhainen und Rebstöcken. Dazwischen blitzen kleine Weiler mit Natursteinhäusern auf. Pašman ist nicht ganz so belebt wie ihre Nachbarinsel Ugljan, mit der sie durch eine Brücke verbunden ist. Wer zu einer Traumbucht möchte, muss oft einen kleinen Fußmarsch hinlegen – bequemer geht es mit dem eigenen Boot.

Sehenswert

Benediktinerkloster
| Kloster |
Das Benediktinski samostan thront auf dem 95 m hohen Hügel Ćokovac, oberhalb von Tkon. Dicke Wehrmauern umspannen das Kloster, das im 14. Jh. ein bedeutendes Zentrum der Glagoliza war. Panorama-Ausblick!
◼ Put Ćokovca 7, Mo–Sa 16–18 Uhr

Verkehrsmittel

Die **Autofähre** von Biograd na Moru setzt in 20 Min. nach Tkon über. ◼ www.jadrolinija.hr

Restaurants

€€€ | **Lanterna** Zu Fischgerichten serviert das einladende Lokal an der Uferpromenade Gemüse aus dem eigenen Garten. ◼ Pašman 68, Pašman, www.lanterna.hr, tgl. 11–23 Uhr

Einkaufen

OPG Matulić Handgemachte Naturprodukte von der Insel in ansprechendem Design. Ein Hit ist die feurige Chili-Soße. ■ Pašman 2, Pašman, Facebook: OPG Matulić, Sommer tgl. 9.30–13.30, 15.30–21.30 Uhr

11 Biograd na Moru

Freundliches Promenaden-Städtchen mit Familienstränden

 Information

■ TZG, Put Solina 4, 23210 Biograd na Moru, Tel. 023/38 31 23, www.discover-biograd.com

Dass die altkroatischen Könige und Bischöfe ihren Sitz hier hatten, davon ist im modernen Biograd na Moru (5700 Einw.) nicht mehr viel zu spüren. Das (Urlaubs-)Leben pulsiert an der Uferpromenade mit ihren Restaurants, Bars und Eisständen. Skipper schätzen die Marina, Familien die stadtnahen Strände. Vor der Stadt erstreckt sich der Nationalpark Kornati (S. 45), zu dem Ausflugsboote ablegen.

 Sehenswert

Heimatmuseum
| Museum |
Die Fracht eines gesunkenen venezianischen Handelsschiffs (16. Jh.) ist nun im Zavičajni muzej der Stadt zu bestaunen: Sehenswert sind vor allem die Amphoren, die das Schiff geladen hatte und die Jahrhunderte lang im Paški kanal auf Meergrund lagen, ehe sie geborgen wurden.
■ Obala kralja Petra Krešimira IV br. 20, www.muzej-biograd.com, Juli, Aug. Mo–Fr 8–14, 19–22, Sa 9–12, 19–22, übrige Zeit Mo–Fr 7–15 Uhr, 20 HRK, erm. 10 HRK

Nach Sonnenuntergang füllen sich die Restaurants an der Riva von Biograd na Moru

11 Biograd na Moru

 Parken

Kostenpflichtige **Parkplätze** stehen an der **Marina** (10 HRK/Std.), an der **Uferpromenade** und in **Strandnähe** zur Verfügung.

 Restaurants

€€ | **Bistro Europa** Karierte Tischdecken, bunte Retro-Stühle und Krimskrams an den Wänden. Die saftigen Steaks werden auf Holzbrettern serviert. ■ Obala kralja Petra Krešimira IV br. 12, Tel. 023/38 39 31, Facebook: Bistro Europa, tgl. 11–24 Uhr

 Kinder

Fun Park Riesenrad, Achterbahn und Piratenschiff (Badesachen einpacken!) lassen Kinderherzen in diesem recht neuen Freizeitpark höherschlagen. ■ X. Jankolovački put 9 (3 km südlich), www.funparkbiograd.com, Mitte Juni–Mitte Aug. tgl. 15–23 Uhr, Vor-/Nachsaison nur Fr–So, Einzelfahrten 25/35 HRK; Tageskarte 190, erm. 165, Familien 495–795 HRK; Parken 20 HRK

12 Naturpark Vransko jezero

 Natursee mit Schilfufern und sanften Hügeln

 Information

■ Prirodni park Vransko jezero, Infopunkte s. unter Sehenswert, www.pp-vransko-jezero.hr, Eintritt April–Okt. 20 HRK, erm. 10–15 HRK, unter 7 Jahre frei

Im Blickpunkt

Südliche Fischküche und sonnenverwöhnter Wein

Mediterrane Küche prägt Dalmatien: Fisch, Meeresfrüchte, viel Gemüse – am liebsten aus dem eigenen Garten oder vom lokalen Bauernmarkt – gehören dazu. Das Ganze wird mit hochwertigem Olivenöl abgeschmeckt. Gegrillter Fisch (»riba na gradele«) mit Mangold (»blitva«) gilt als Klassiker. Traditionelle Gerichte werden in einer »konoba« serviert, einer familiengeführten Taverne. Nicht nur Fisch kennt man in Dalmatien: Pastičada, den mit Rotwein marinierten »Sonntagsbraten« aus Rindfleisch, sollten Sie unbedingt probieren! Etwas Besonderes sind auch traditionelle Peka-Gerichte (»pod pekom«): Lamm, Kalb oder Tintenfisch werden stundenlang unter der Schmorglocke in der Glut gegart. Peka-Gerichte müssen immer vorbestellt werden!
Jede Region hat jedoch ihre eigenen Spezialitäten: Im Neretva-Delta kommen Aal und Frösche in den Fischtopf »Neretvanski brudet«, auf der Insel Hvar gehören gar sieben Fischarten in eine echte »Hvarska gregada«. Hoch geschätzt werden die Austern aus der Bucht von Ston auf der Halbinsel Pelješac.
In Dalmatien gibt es eine Vielfalt an Weinsorten: Die besten Rotweine stammen vom Weinberg Dingač auf Pelješac, etwa Plavac mali, ein Verwandter des Primitivo, oder die Sorte Babić aus Primošten. Unter den Weißweinen ist Pošip (Korčula, Hvar und Pelješac) schon seit Römerzeiten berühmt.

Naturpark Vransko jezero 12

Kroatiens größter natürlicher See Vransko jezero (30 km², Vrana-See) erstreckt sich zwischen Zadar und Šibenik parallel zur Adria. Ein schmaler Landstrich, durch den die Küsten-Magistrale verläuft, trennt den See vom Meer. Süß- und Salzwasser vermischen sich durch unterirdische Quellen und einen Kanal. Gut 100 000 Vögel überwintern in der Naturoase. Der Naturpark (57 km²) umfasst neben dem Gewässer auch eine malerische Umgebung, die sich gut mit dem Fahrrad erkunden lässt. Im Sommer wird eine Öko-Taxe fällig, in einem der drei Infozentren Kamenjak, Prosika oder Crkvine (ausgeschildert). Ab Pakoštane verkehrt ein Elektro-Touristenzug bis Crkvine (im Sommer).

 Sehenswert

Lehrpfad am Vrana-See
| Vogel-Lehrpfad |

Im Nordwesten des Sees, beim Infopunkt Crkvine, wachsen Binsen und Schilf. Ein 450 m langer Lehrpfad auf Holzplanken führt an Infotafeln vorbei, die über die 256 Vogelarten im Ornithologischen Reservat des Sees informieren. Die Parkverwaltung organisiert individuelle Vogelbeobachtungen (1–4 Pers., 1000 HRK/5 Std.).

Vidikovac Kamenjak
| Aussichtspunkt |

Den schönsten Blick auf den See und die Inseln des Kornaten-Archipels hat man vom Info- und Aussichtspunkt Kamenjak an der Nordseite. In einem Natursteinhaus werden Schinken, Käse und Wein serviert. Die schmale Straße ist mit dem Auto befahrbar.
Auf der Aussichtsplattform mit Ruhebänken lässt es sich gut picknicken.

Info centar Prosika
| Infozentrum |

Der südlichste Infopunkt ist in einem Fischerhaus aus dem 19. Jh. untergebracht, mit winzigem Bootshafen und einem Vogel-Beobachtungssitz. Der 800 m lange Kanal nebenan verbindet den See mit der Adria: Er wurde 1770 ausgehoben, um den Wasserspiegel zu senken, dadurch konnte Sumpfgebiet im Norden in begehrtes Weideland umgewandelt werden.

 Sport

Der 50 km lange **Radrundweg** umkreist den See, im Norden wird es steiler. Fahrrad- und E-Bike-Verleih (Prosika und Crkvine): 20/40 HRK, am Infopunkt Prosika werden auch Kajaks (40 HRK/Std.) vermietet.

 In der Umgebung

Pakoštane
| Ort |

Der reizende kleine Badeort (4200 Einw.) zwängt sich auf den engen Landstrich zwischen dem Vrana-See und der Adria: Enge Gassen laden zum Bummeln ein. Die flach abfallenden Strände Punta und Janice sind Lieblings-Badeplätze vieler Familien. Sportler haben den Ort zum Windsurfen und Kajakfahren für sich entdeckt.

Pirovac
| Ort |

Vom Südende des Vrana-Sees sind es noch 4 km bis zum früheren Fischerdörfchen Pirovac, mit Resten einer Wehrmauer (16. Jh.), steinernem Stadttor und engen Gassen. Östlich des Zentrums ist der Kiesstrand Makirina mit Heilschlamm sehr beliebt.

Übernachten

In der Altstadt von Zadar gibt es stilvolle Boutiquehotels, aber auch gehobene Apartments und Gästehäuser – die im Sommer jedoch ihren Preis haben. Parkplätze sind bei solchen Unterkünften oftmals einen kurzen Spaziergang entfernt oder überhaupt nicht vorhanden. Die meisten Hotels befinden sich auf dem Festland von Zadar, im Stadtteil Borik. Rund um die flachen Sandlagunen von Nin und dem benachbarten Zaton gibt es mehrere Strandresorts, die gerne von Familien gebucht werden. Sparen lässt es sich in inhabergeführten kleinen Hotels und Pensionen. Wer spät landet oder früh abfliegt, findet in Sukošan, südlich von Zadar und in Flughafennähe, ein nahes und erschwingliches Zimmer oder eine Pension. Die Inseln vor Zadar bieten viel Ruhe, hier wird traditionell in Privatzimmern und Ferienwohnungen übernachtet, Hotels gibt es nur wenige.

Plitwitzer Seen 18

€€ | **Hotel Degenija** Komfortable, geschmackvolle Zimmer, Außenpool und empfehlenswerte Küche aus der Region. 5 km vom Parkeingang entfernt. ■ Selište Drežničko 59, 47245 Rakovica, Tel. 047/78 21 43, www.hotel-degenija.com

Starigrad-Paklenica 20

€ | **Pansion Kiko** Nette, modern eingerichtete Zimmer mit Meerblick-Balkon, freundlichen Vermietern und gutem Essen. ■ Ul. Ante Starčevića 5 a, 23244 Starigrad-Paklenica, Ortsteil Seline, Tel. 023/36 97 84, www.pansion-kiko.com

€€€ | **Bluesun Holiday Village Alan** In dem hübsch modernisierten Strandhotel mit Pool übernachtete die Winnetou-Filmcrew, als es noch ein Motel war. Das Winnetou-Museum gehört zum Gebäudekomplex. ■ Ul. dr. Franje Tuđmana 14, 23244 Starigrad-Paklenica, Tel. 01/384 42 88, www.bluesunhotels.com

Zadar und Umgebung 28

€ | **Pansion Bepo** Stammgäste auf dem Weg nach Süden und Flugreisende übernachten gerne in den geräumigen Zimmern gegenüber der Marina Sukošan. Empfehlenswertes Terrassenlokal, großer Parkplatz im Hof, 15 Automin. vom Flughafen Zadar. ■ Ul. dr. Franje Tuđmana 43, 23206 Sukošan, Tel. 023/39 36 59

€ | **Pansion Marco Polo** Familiäres Gästehaus mit Restaurant und kostenlosen Parkplätzen, in Strandnähe. Wird gerne für die Durchreise genutzt. ■ VI. Ulica br. 2, 23231 Petrčane, Tel. 091/934 88 20

€ | **Pansion Matanovi Dvori** Das bekannte Restaurant direkt an der Adria-Magistrale in Sukošan vermietet im 1. Stock moderne, geräumige Balkonzimmer. Gut für eine Zwischenübernachtung. Parkplatz davor, vom Flughafen Zadar sind es rund 15 Automin. ■ Ul. dr. Franje Tuđmana 131, 23206 Sukošan, Tel. 023/39 36 01, www.matanovi-dvori.hr

€€ | **Mediteran** Freundliches kleines Hotel mit Swimmingpool und Garten,

Übernachten

4 km von der Altstadt Zadars entfernt. Kein Lift vorhanden. ■ Put Matije Gupca 19, 23000 Zadar, Tel. 023/33 75 00, www.mediteran.hr

€€ | **Tinel B&B Premium Edition** Gut für einen City-Trip ohne Auto: stilvolle Zimmer mit Parkett im 3. Stock eines Altstadthauses; gehört zum Restaurant im Erdgeschoss. Kein Lift, keine Parkplätze. ■ Ulice don Ive Prodana 2, 23000 Zadar, Tel. 098/975 71 30, http://tinelzadar.com

€€–€€€ | **Zaton Holiday Resort** Weitläufige, familienfreundliche Ferienanlage am Strand mit großer Pool-Landschaft. Kinderanimation und mehrere Restaurants. ■ Dražnikova 76 t, 23232 Zaton (bei Nin), Tel. 023/28 02 11, www.zaton.hr/de

€€€ | **Falkensteiner Family Hotel Diadora** All-Inclusive-Strandresort (250 Zi.) für Familien: Große Kinder knüpfen bei der Teenie-Disco rasch Kontakte, die Kleinen vergnügen sich im Pool-Piratenschiff oder im beliebten Streichelzoo. ■ Punta Skala, 23231 Zadar, Tel. 023/55 56 00, www.falkensteiner.com

Biograd na Moru 37

€ | **Villa Meduza** Das familiäre Hotel in einer ruhigen Seitenstraße von Biograd na Moru bietet klassische, saubere Zimmer ohne Schnickschnack zu fairen Preisen. Zu den Stränden und ins Zentrum sind es 10 Min. zu Fuß. ■ Augusta Šenoe 24, 23210 Biograd na Moru, Tel. 023/38 40 25, www.hotelmeduza.com

€€–€€€ | **Hotel IN** Modernes Design, Lounge-Bereiche und Dachterrasse mit Whirlpool sorgen für gepflegte Erholung, von der Hotelanlage aus genießt man den Blick auf die Marina. Gute, ruhige Lage mit Strand und Stadtzentrum in der Umgebung.
■ Šetalište kneza Branimira 32, 23210 Biograd na Moru, Tel. 023/38 57 00, www.hotelin-biograd.com

ADAC Das besondere Hotel

1001-Nacht-Flair im Hinterland! Das **Hotel Mašković́a Han**, eine türkische Karawanserei, wurde 1644 im traditionell osmanischen Stil erbaut. Am Nordende des Vrana-Sees gelegen, sollte sie ursprünglich dem türkischen Wesir Jusuf Mašković als Residenz dienen, was dieser jedoch nicht mehr erlebte. Die Karawanserei wurde nie fertiggestellt und erst vor wenigen Jahren mit EU-Geldern als Hotel weitergebaut. Auto-Anreise empfohlen, sehr abgeschieden! Radverleih.
€€ | *Heritage Hotel Maškovića Han, Marina 1, 23211 Pakoštane, Ortsteil Vrana, Tel. 023/33 32 30, www.maskovicahan.hr*

Norddalmatien: rund um die Festungsstadt Šibenik

Ruhige Inseln, alte Festungen, tosende Wasserfälle und das bezaubernde Šibenik laden zu Entdeckungsreisen ein

Der südliche Abschnitt Norddalmatiens, rund um die aufstrebende alte Königsstadt Šibenik, glänzt mit zwei Nationalparks, ursprünglichen Inseln, lebhaften Badeplätzen und einem hügeligen, ruhigen Hinterland. Sobald die Luft im Frühjahr milder wird, umschiffen unzählige weiße Segelboote die versprenkelten Eilande im Kornati-Archipel. Doch nicht nur die Kornati prägen diesen Küstenabschnitt: Im Archipel von Šibenik gibt es noch weitere Inseln zu entdecken, in denen alte Natursteinhäuser über Fischerboote in kleinen Häfen wachen. Mit der Fähre kommt man bequem auf alle bewohnten Inseln. Skipper mit eigenem Boot steuern gerne durch die tiefe Meeresbucht von Šibenik an der Altstadt vorbei, die mit eleganter Kathedrale und herausgeputzten Festungen grüßt; weiter geht es den Fluss Krka hinauf, unter der imposanten Bogenbrücke Šibenski most hindurch, die Teil der Adria-Magistrale ist. In dem malerischen Städtchen Skradin wird geankert (oder geparkt), die meisten Besucher haben hier nur ein Ziel: den Nationalpark Krka mit seinen terrassenförmigen Wasserfällen, über die der gleichnamige Fluss Krka stürzt. Wer mit dem Auto unterwegs ist, kann das Hinterland mit orthodoxem Kloster oder mächtiger Festungsruine in Knin entdecken. Zurück am Meer, rundet ein Bummel durch das malerische Primošten einen Besuch in diesem Küstenabschnitt ab.

In diesem Kapitel:

- 13 **Insel Murter** 44
- 14 **Nationalpark Kornati (Kornaten)** 45
- 15 **Šibenik** 46
- 16 **Archipel von Šibenik** 52
- 17 **Nationalpark Krka** 53
- 18 **Knin** 56
- 19 **Primošten** 58
- **Übernachten** 60

ADAC Top Tipps:

4 Šibenik
| Stadtbild |
Ganz große Baukunst: Die drittgrößte Stadt Dalmatiens weiß mit ihren drei Festungen über der Altstadt, einer im Meerkanal, sowie einer eleganten Kathedrale zu beeindrucken. 46

 Nationalpark Krka
| Landschaft |
Rauschende Wasserfälle, Kaskaden und Klöster: In einem der schönsten Nationalparks Kroatiens gibt es viel zu entdecken. 53

ADAC Empfehlungen:

 Nationalpark Kornati
| Landschaft |
Ausflugsboote tuckern im Sommer durch den Archipel mit seinen kargen, rauen Inseln. 45

 Sokolarski centar, Dubrava
| Falknerei |
Ein majestätischer Anblick: wenn die großen Raubvögel über einem ihre Kreise drehen. 51

 Kloster Krka (Sveti Aranđelovac)
| Kloster |
Der Apostel Paulus soll in diesem Kloster gepredigt haben. 55

 Festung Knin
| Burgruine |
Von der Festungsanlage genießt man einen fantastischen Blick über die Stadt und das Umland. 56

Hotel Roški slap, Nationalpark Krka
| Hotel |
Nächtigen in traumhafter Lage: direkt an den Wasserfällen. 61

Seit 1980 stehen sie unter besonderem Schutz: die Inseln im Nationalpark Kornati

13 Insel Murter

Badeinsel, auf der heute noch die traditionellen Holzboote gebaut werden

 Information

TZO, Rudina bb, 22243 Murter (Ort), Tel. 022/43 49 95, www.tzo-murter.hr

Eine »richtige« Insel ist Murter (18 km², 5100 Einw.) eigentlich nicht, vielmehr ist sie mittels einer kurzen Drehbrücke (38 m) ans Festland angebunden. Auf beiden Seiten der Brücke erstreckt sich der charmante Ort Tisno mit einer Handvoll Restaurants, dalmatinischer Gemütlichkeit und – was gar nicht so recht passt – mehreren internationalen Elektromusik-Festivals im Juli und August. Ansonsten gehört die Insel im Sommer den Badeurlaubern und Segelcrews. Die mit Macchia bewachsene, hügelige Insel säumen schöne und im Sommer gut besuchte Buchten und Strände. Skipper schätzen die Insel für ihre Marinas in den Orten Murter, Betina und Jezera. Murter gilt als »Sprungbrett« für Touren auf die rund 9 Seemeilen entfernten Kornaten, hier starten viele Ausflugsboote in den eindrucksvollen Archipel.

Zu den schönsten Stränden gehören die Heilschlamm-Bucht Uvala Makirina bei Tisno, Podvrške auf einer winzigen, schattigen Halbinsel östlich von Murter sowie der Strand Cigrada in einer Bucht südlich von Murter (Ort).

 Sehenswert

Museum für lokalen Holzschiffbau
| Museum |

Das Muzej betinske drvene brodogradnje erinnert mit Videos, Lernspielen

und Miniaturmodellen daran, dass es in Betina früher 25 Werften für die inseltypischen »Gajeta«-Holzboote gab. Im Museumsshop lohnen die handgemachten Inselsouvenirs einen Blick.
◼ Vladimira Nazora 7, Betina, Tel. 022/43 41 05, www.mbdb.hr, Juli, Aug. tgl. 9–21, Juni, Sept. Mo–Sa 9–21, Okt. Mo–Fr 9–15, Sa 9–12, Mai 9–12, 17–20 Uhr, 30 HRK, erm. 20 HRK, unter 7 Jahre frei

Verkehrsmittel

Öffnung der Drehbrücke in Tisno: jeweils um 9 und 17 Uhr. Autos müssen dann 30 Min. warten!

Restaurants

€ | Konoba Stari mlin Einfach, aber gut: In der alten Ölmühle am malerischen Hafenplatz von Betina werden winzige Fische gebraten, dazu passt eine »bevanda«, Wein mit Wasser. ◼ Trg na moru bb, Betina, Tel. 095/355 37 95, Juni–Sept. tgl. 11–23, Nebensaison 18–23 Uhr
€€€ | Tic Tac Bei Segelcrews beliebtes Terrassenlokal, in dem Fisch modern serviert wird. ◼ Hrokešina 5, Murter (Ort), Tel. 022/43 52 30, tgl. 15–23 Uhr

14 Nationalpark Kornati (Kornaten)

6 *Versprenkeltes Segelrevier mit 150 zumeist unbewohnten Inseln*

Information

◼ Nationalparkverwaltung Kornatski otoci, Butina 2, 22243 Murter, Tel. 022/43 57 40, www.np-kornati.hr

Anker lichten und ab zum Segeltörn: Knapp 150 Inseln, Eilande und Riffe umfasst der Kornaten-Archipel (Kornati), der sich auf der Höhe von Zadar bis Šibenik in der Adria erstreckt. 89 karge und schattenlose Inseln haben Nationalpark-Status (220 km²). Die meisten Eilande gruppieren sich rund um die Hauptinsel Kornat (32 km²) und sind – wenn überhaupt – nur im Sommer bewohnt: Dann öffnen die Wirte ihre kleinen Fischrestaurants und Skipper vertäuen ihre Segelboote davor. Überhaupt gilt der Archipel als eines der schönsten Segelreviere Europas! Taucher schätzen die Unterwasserwelt im Nationalpark. Die meisten Eilande gehören übrigens den Bewohnern der Nachbarinsel Murter: Diese nutzten sie als Weideland für ihre Schafe, heute grasen nur noch etwa 2000 Tiere dort – längst schon hat man sich dem Tourismus zugewandt.

Verkehrsmittel

Die meisten **Ausflugsschiffe** starten in Murter; Anbieter gibt es auch in Šibenik, Biograd na Moru, Zadar und anderen Küstenorten. Der Ausflugspreis (ab 250 HRK) umfasst oftmals auch ein »Fischpicknick«.

Sport

Tauchen ist im Nationalpark nur mit Sonderlizenz möglich, eine Tauchschule gibt es z. B. auf der Nachbarinsel Dugi otok ◼ Kornati diving, Zaglav 15, Sali, Dugi otok, Tel. 091/367 95 06, www.kornati-diving.com, Kurs ab 600 HRK
Segelschulen gibt es in einer der drei Marinas (Murter, Betina, Jezera). In Betina haben sich auch Bootsverleiher niedergelassen, z. B. Reiseagentur Amfora, Branimirova 7, Tel. 091/507 84 09, www.murter-amfora.com.

15 Šibenik

Alte Festungsstadt und mittelalterliches Juwel an der Adria

Gleich vier Festungsanlagen schützten einst die beeindruckende Altstadt von Šibenik

Information

- TIC/Stadt Šibenik, Obala palih omladinaca 3, 22000 Šibenik, Tel. 022/212075, www.visitsibenik.hr
- TZ/Region Šibenik, Fra Nikole Ružića bb, 22000 Šibenik, Tel. 022/219072, www.visit-sibenik.eu
- Parken: siehe S. 49

Stadt der Treppen, Kirchen und der Festungsanlagen

Die Altstadt von Šibenik (45 000 Einw.) schmiegt sich mit verwinkelten Treppengassen, Renaissance-Palästen und Bürgerhäusern an einen Hang. Oberhalb der befahrbaren Uferpromenade (»Riva«) thront die Kathedrale Sveti Jakov. Dahinter erstreckt sich die zentrale Fußgängerachse Ulica kralja Tomislava, die kleine Läden und Cafés säumen. Was von der Uferpromenade wie das offene Meer wirkt, entpuppt sich auf der Landkarte als eine tiefe Bucht, in die sich der Fluss Krka aus dem Hinterland ergießt. Genau gegenüber der Altstadt sticht der schmale Kanal Sveti Ante aus der Bucht ins offene Meer hinaus. Diesen natürlichen Schutz der Stadt verstärkt die seit 2017 UNESCO-gekrönte venezianische Festung Sveti Nikola, mitten im Kanal. An Land bewachen drei weitere Festungen

Šibenik

Plan S. 49

die 1066 erstmals erwähnte Stadt. Mithilfe von EU-Geldern sind die eindrucksvollen Festungen nun aus ihrem Dornröschenschlaf erwacht. Bislang galt die elegante, ebenfalls von der UNESCO geadelte Kathedrale Sveti Jakov als Besuchermagnet, eine von etwa 30 Kirchen in der Stadt. Nun hat die touristische Infrastruktur von Šibenik generell aufgeholt: Am recht neuen Stadtstrand Banj wird gebadet, die ehemalige Militärhalbinsel am Kanal Sveti Ante zieht Mountainbiker und Spaziergänger an, und gleich mehrere komfortable Altstadt-Hotels machen aus Šibenik einen Ort, in dem man gerne ein paar Tage entspannt.

Sehenswert

Kathedrale Sveti Jakov
| Kathedrale |

Die dreischiffige Kathedrale des hl. Jakob (Sveti Jakov) zählt zum UNESCO-Welterbe und ist ein Unikum: Sie besteht komplett aus hellem Kalkstein, keine sonstigen Materialien wurden in ihr verarbeitet – weder Bauholz noch Bindemittel. Auch das mächtige Kuppeldach wird einzig von den mächtigen Steinblöcken getragen! Ein Highlight sind die 71 Bürgerköpfe, die die Außenmauer der Kathedrale wie ein Steinband umgürten. Bis das eindrucksvolle Bauwerk 1536 fertig war, sollte allerdings über ein Jahrhundert vergehen: Im gotischen Stil begonnen, ruhte der Bau infolge von Baumängeln lange, ehe die Kathedrale im Stil der venezianischen Renaissance schließlich fertiggestellt wurde. Vor dem Hauptportal erinnert ein Denkmal von Ivan Meštrović (siehe Kasten S. 58) an den berühmten dalmatinischen Bildhauer und Baumeister Juraj Dalmatinac (1410–1473), der maßgeblich an der Errichtung mitwirkte.

Stadtloggia
| Fassade |

Die Renaissance-Stadtloggia (Gradska loža, 16. Jh.) mit ihrem eleganten Säulengang zieht die Blicke an der Ostseite des Kathedralenplatzes auf sich. Wo früher Urteile verlesen wurden und sich die Stadtväter versammelten, trifft man sich heute auf einen Cappuccino oder zum Abendessen.

■ Trg Republike Hrvatske 3

Šibenik

❸ Stadtmuseum
| Museum |

Hinter der Apsis der Kathedrale versteckt sich in einem engen Durchgang der Eingang ins moderne Muzej grada Šibenika: Im Inneren überraschen antike Keramik, Schmuck und Musikinstrumente. Das Museum nimmt einen Teil des früheren Fürstenpalastes ein, der sich entlang der Uferpromenade zieht und von zwei Ecktürmen flankiert wird.

■ Gradska vrata 3, www.muzej-sibenik.hr, Sommer Mo–Fr 8–20, Sa, So 10–20 Uhr, Winter verkürzt, 30 HRK

❹ Festung Sveti Mihovil
| Festung |

Steile Treppengassen führen zur Festung des Stadtpatrons Sveti Mihovil (hl. Michael) hinauf: Als »Keimzelle« der Stadt thront das Bollwerk 70 m hoch über dem roten Dächergewirr. Vermutlich befand sich eine ältere Festung an dieser Stelle, die noch von den Illyrern stammte und ab dem 11. Jh. ausgebaut wurde. Der Grundriss wirkt wie ein verschobenes Rechteck. Lange militärisch genutzt, wurde die Festung erst vor wenigen Jahren komplett saniert, abends wird sie für Konzerte genutzt.

ADAC Mobil

> Die **autofreie Altstadt** von Šibenik lässt sich gut zu Fuß erkunden, allerdings geht es treppauf und treppab – was mit Kinderwagen oder Gehhilfe einige Umwege abverlangt. Eine **Nextbike-Fahrradstation** befindet sich am Anfang der Uferpromenade (www.nextbike.hr). Vom Busbahnhof zur Fähre in der Altstadt ist es nur ein kurzer Fußweg.

Von der Festung zieht sich ein Teil der alten Stadtmauer bis zum Meer hinab.

■ Zagrađe 21, www.tvrdjava-kulture.hr, Jan., Feb. tgl. 9–16, März, Okt. 10–18, April, Mai, Sept. 9–20, Juni–Aug. 9–22 Uhr, 60 HRK, erm. 40 HRK, unter 5 Jahre frei, Kombiticket mit Festung Barone 70 HRK

❺ Festung Barone (Šubićevac)
| Festung |

Die makellos erneuerte venezianische Festung hoch über der Stadt ist etwas für Multimedia-Fans: Am Eingang leiht man sich ein Tablet und erlebt die Geschichte in Form von »erweiterter Realität«, mit visuellen und akustischen Zusatzinformationen (übrigens auch auf Deutsch). Benannt ist die 1646 erbaute Festung nach Baron Degenfeld, einem venezianischen Heerführer, der die Stadt vor Türkenangriffen aus dem Hinterland schützen sollte.

Mit dem Auto gelangt man über die städtische Umgehungsstraße Srednja magistrala zur Festung (wenige, jedoch kostenlose Parkplätze unterhalb), ab der Festung Sv. Mihovil sind es etwa 10 Gehminuten hinauf.

■ Put Vuka Mandušića 28, www.tvrdjava-kulture.hr, Juni–Aug. tgl. 9–22, April–Mai, Sept. 9–20, übrige Zeit 9/10–16/18 Uhr, 40 HRK, erm. 25 HRK, Kombiticket s.o.

❻ Festung Sveti Ivan
| Festung |

Verwunschen und lange Zeit vergessen war die Johannes-Festung (Sveti Ivan). Von der Nachbarfestung Barone, die zur selben Zeit entstand, sind es nur wenige Minuten Fußweg hinauf: Auf 115 m Meereshöhe öffnet sich ein schöner Ausblick über die Stadt – derzeit allerdings nur vom Plateau vor der Festung aus, da der Bau restauriert wird. Als ein Drehort der US-Fantasy-

serie »Game of Thrones« zieht das Fort schon länger Besucher an.
■ Ul. Sedmog kontinenta 27, www.tvrdjava-kulture.hr Anfahrt s. Festung Barone

 Parken

Begehrt sind die **Parklücken an der Uferpromenade** (10 HRK/Std., 7–23 Uhr, Plan S. 49, 2a und 3a-c) und der **Parkplatz am Busbahnhof** (mit Rampe, 0–24 Uhr, Plan S. 49, östl. c3). Westlich der Altstadt kann man sein Glück am Strand **»Plaža Banj«** (Schild) versuchen (Prilaz tvornici 35, S. 49, westl. a1).

 Restaurants

€ | **Buffet Šimun** Heimische Küche, z. B: Rinderschmorbraten Pašticada; günstige Mittagsgerichte (»marenda«).
■ Fra Jerolima Milete 17, Tel. 022/21 26 74, Mo–Sa 7–22 Uhr, Plan S. 49, östl. c3

€–€€ | **Stari grad** Unprätentiöses kleines Restaurant direkt an der Riva. Sehr zuvorkommende Bedienung und moderate Preise. Tipp: Risotto! ■ Obala dr. Franje Tuđmana 7, Tel. 022/21 28 64, tgl. 7.30–24 Uhr, Plan S. 49, c3

€€ | **She Bio-Bistro** Ob glutenfrei, bio oder vegan: Das Lokal geht auf die Bedürfnisse seiner Gäste ein. Auf der netten Dachterrasse kann man einen Sundowner einnehmen. ■ Zlarinski prolaz 2, Tel. 022/21 59 57, tgl. 9–23 Uhr, Plan S. 49, c3

 Cafés

Bistro Barone Genussvoll begleiten lässt sich der Sonnenuntergang auf der Festung Barone: Ein Glas Wein vom regionalen Winzer, dazu Rohschinken (»pršut«), Käse und dezente Musik.
■ Put Vuka Mandušića 28, Sommer tgl. 9–22, Winter 9–20 Uhr, Plan S. 49, westl. a1

15 Šibenik

Plan S. 49

Einst Bollwerk gegen die Osmanen: die Festung Sveti Nikola an der Krka-Mündung

Srednjekovni samostanski mediteranski vrt Sv. Lovre Auf der Terrasse des mediterranen Klostergartens hl. Laurentius (Sveti Lovro) schlürft man seinen Cappuccino zwischen blühenden Rosen und aromatischen Wildkräutern. Zugang über eine Treppengasse in Richtung Festung Sv. Mihovil (beschildert). ■ Strme stube 1, Tel. 022/212515, www.hostelsvlovre.com, Sommer tgl. 9–23 Uhr, Plan S. 49, b2

 Einkaufen

Dida Boža Feigenmarmelade mit Orangen- oder Schokoladennote in Bio-Qualität. ■ Mesarske stube 2, www.didaboza.hr, Mo–Sa 9–20 Uhr, Plan S. 49, c3

Koke Design Originelle Kleider, Taschen und Schals von kroatischen Designern in der Altstadt. ■ Stube Petra Kaera 2, Mo–Fr 9–21 Uhr, Plan S. 49, b3

 Konzerte

Die Festung Sv. Mihovil ist eine Traumkulisse für Open-Air-Konzerte. ■ www.tvrdjava-kulture.hr, Plan S. 49, a1

 Kneipen, Bars und Clubs

Am Ende der Riva treffen sich die Einheimischen gerne in einem von mehreren Straßencafés von früh bis spät (Plan S. 49, b2).

 Kinder

Solaris Aquapark Knallbunte Rutschen und Wasserfontänen machen nicht nur den kleinen Besuchern Spaß. In dem nachgebildeten Ethno-Dorf, samt Wassermühle, Natursteinhäusern und Restaurant, wartet schon herrlich duftendes Brot aus dem Holzofen auf hungrige Gäste. ■ Solaris 86, Šibenik,

Šibenik

Tel. 022/261001, www.aquapark-dalmatia.com, Aquapark: tgl. 10–18 Uhr, 190 HRK, erm. 130 HRK, unter 90 cm frei; Restaurant: 10–23 Uhr (Reservierung empfohlen), recht teuer, Plan S. 49, südl. c3

Međunarodni dječji festival Bei dem Internationalen Kinderfestival gehört die Stadt zwei Wochen lang dem Nachwuchs: zahlreiche Veranstaltungen, darunter Theater, Puppenspiele und Musik (2. Junihälfte). ■ www.mdf-sibenik.com

Erlebnisse

 Falknerei Verletzte Falken, Geier und Eulen werden im Sokolarski centar aufgepäppelt und nach Möglichkeit wieder ausgesetzt. Vorführungen für Besucher finanzieren den Erhalt des Öko-Zentrums samt Falknerei: So nah kommt man den beeindruckenden Vögeln selten! ■ Škugori bb, Dubrava (6 km von Šibenik), www.soklarskicentar.com, März–Okt. Vorführungen tgl. 11, 12, 13, 14, 15 Uhr, 50 HRK

ADAC Mittendrin

Mehr dalmatinisches Lebensgefühl geht kaum: Wenn man Glück hat, singt gerade eine »klapa«, ein dalmatinischer A-capella-Männerchor in einer engen Gasse in der Altstadt von Šibenik. In den sentimentalen Liedern der berühmten **Klapa-Gesänge** geht es meist um die Liebe, die Heimat und das Meer. Falls gerade niemand spontan singt: Jeden Donnerstagabend im Sommer treten Klapa-Chöre auf dem Hauptplatz von Šibenik auf. Oder aber Sie fahren gleich zum berühmten Klapa-Festival nach Omiš (S. 88).

In der Umgebung

Šetnica Svetog Ante
| Panoramaweg |
Ein schöner Spazier- und Radweg führt über die früher militärisch genutzte Halbinsel, hoch über dem Kanal Sveti Ante. Hauptattraktion ist der unverstellte Panoramablick auf die Altstadt von Šibenik, genau auf der gegenüberliegenden Seite der Bucht! Am Ende des Wegs steigt man zur Festung Sveti Nikola hinunter.

■ 8 km von Šibenik, südlich in Richtung Zablaće/Solaris halten, Zugang über die Bucht Škar (Beschilderung, Parkplätze), www.kanal-svetog-ante.com

Festung Sveti Nikola
| Festung |
Die vierte Festung im Bunde wacht mit ihren Schießscharten über den strategisch wichtigen Kanal Sveti Ante und wird von der Adria umspült. Als Teil des venezianischen Befestigungssystems gehört sie seit 2017 zum UNESCO-Weltkulturerbe. Ein aufgeschütteter Steinpfad führt durch das Meer.

■ Anfahrt s. Spazierweg (Šetnica Svetog Ante), www.kanal-svetog-ante.com, Mai–Okt. (inkl. Überfahrt und Audio-Guide, 2–4 Abfahrten pro Tag), 95 HRK, erm. 75 HRK

Vodice
| Ort |
Vodice (6700 Einw.), 12 km nordwestlich von Šibenik, lebt von Sommertouristen, die gerne feiern und trubeliges Strandleben mögen: Am rappelvollen Kiesstrand Plava plaža wird an Sommertagen gebadet; an Souvenirgeschäften, Restaurants und Bars vorbei, lässt es sich durch enge Straßen bummeln. Die Abende dauern hier länger als anderswo! Wer am nächsten Mor-

15 Šibenik

ADAC Mobil

Staus, Baustellen und Verkehrslage? Der kroatische Automobilklub Hrvatski automobilni klub (HAK) informiert auf seiner Website (www.hak.hr) oder via mobile App »Croatia Traffic Info« (Google Play, iTunes App Store). Schalten Sie auch das Autoradio ein: Der Kroatische Rundfunk HR2 sendet im Sommer **Verkehrsinformationen** in deutscher Sprache (Juni–Sept. jede Std. von 8.30–21.30 Uhr).

gen munter ist, kann indes einen Ausflug auf die Kornaten planen oder auf die Inseln vor Šibenik übersetzen, z. B. nach Prvić (s. S. 52).

■ TZG, Obala Vladimira Nazora bb, 22211 Vodice, Tel. 022/44 38 88, www.vodice.hr

16 Archipel von Šibenik

Wer sich für Schwammtaucher interessiert, ist hier goldrichtig

Eine Handvoll größere, bewohnte Inseln und viele winzige Eilande erstrecken sich im Archipel von Šibenik. Da schaukeln Holzboote in kleinen Häfen, und Fischer flicken ihre Netze. Jede Insel hat ihren ganz eigenen Charme: Auf Prvić (2,4 km²) verbindet ein schöner Spazierweg die beiden Inselorte Prvić Luka und Šepurine, Zlarin (8 km²) war früher für Korallen berühmt, Krapanj (0,4 km²) für seine Schwammtaucher, und Žirje (15 km²) mit seinen Festungsruinen ist der äußerste bewohnte Außenposten des Archipels. Wer will, bleibt über Nacht, sucht sich ein Privatzimmer, ein gutes Restaurant und genießt die Ruhe. Die Privatinsel Obonjan (0,5 km²) lockt mit Luxuszelt-Lodges neuerdings zahlungskräftige Yoga- und Festival-Fans an.

Sehenswert

Memorijalni centar Fausta Frančića, Insel Prvić
| Museum |

An der Hafenmole von Prvić Luka überrascht ein modernes Museum: Es ist dem kroatischen Renaissance-Genie Faust Vrančić (1551–1617) gewidmet, der hier geboren wurde und als einer der Ersten einen Fallschirm ausprobierte – eine Sensation! Mehr als 50 Erfindungen werden dem Wissenschaftler zugeschrieben, der seiner Zeit weit voraus war, darunter eine Wasseruhr und eine Turbine.

■ Ulica 1 a, Prvić Luka, Insel Prvić, Tel. 022/44 81 28, www.mc-faustvracic.com, Mai–Sept. Mo–Sa 9–16, Okt.–April Mo–Fr 10–16 Uhr, 30 HRK, erm. 15 HRK

Korallenzentrum, Insel Zlarin
| Museum |

Das Hrvatski centar koralja hält die Tradition des Korallentauchens vor der Insel Zlarin lebendig. Die Bestände sind aber längst erschöpft.

■ Niz Bebana bb, Insel Zlarin, nur im Sommer, n. Vereinb. unter Tel. 022/55 35 57, www.tz-zlarin.hr, 30 HRK, erm. 15 HRK, unter 7 Jahre frei

Schwammgalerie, Insel Krapanj
| Museum |

Krapanj gilt mit max. 1,25 m Höhe über dem Meer als eine der niedrigsten bewohnten Adria-Inseln. Sie ist nur 300 m von Brodarica, einem Badeort 8 km südlich von Šibenik, entfernt (5 Min.

Nationalpark Krka

Sie bieten ein beeindruckendes Naturschauspiel: die Krka-Wasserfälle

mit der Personenfähre). Gegenüber vom Fährhafen erinnert ein Souvenirladen mit Mini-Ausstellung an die 300 Jahre alte Tradition der Schwammtaucher (Galerija od spužava).
■ Žitak, Trg I br. 6, www.zitak.hr

Žirje
| Insel |
Die größte Insel im Archipel durchziehen Feldwege, die an Oliven- und Feigenbäumen vorbeiführen. Eine byzantinische Festung, Utvrda Gradina über der Bucht Velika Stupica (festes Schuhwerk!), diente als Vorposten.

 Verkehrsmittel

Personenfähre zw. Šibenik – Prvić Luka – Šepurine – Vodice. Nach Obonjan nur im Aug., www.jadrolinija.hr; **Fähre** nach Krapanj ab Brodarica; **Taxiboote**: z. B. von Vodice nach Prvić ab 220 HRK.

17 Nationalpark Krka

Wasserfälle, Karstschönheiten und ein malerisches Kloster

 Information

■ Nacionalni park Krka, Tel. 022/2017 77, www.npkrka.hr, ganzjährig, Juli, Aug. 200 HRK, erm. 120 HRK, April, Mai, Okt. 100 HRK, erm. 80 HRK, Nov.–März 50 HRK, erm. 30 HRK, unter 7 Jahre frei, auch Dreitageskarten

Der Nationalpark Krka (109 km²) erstreckt sich rund um den 73 km langen, gleichnamigen Fluss im gebirgigen Hinterland von Šibenik: Von ihrer Quelle nahe der alten Königsstadt Knin bahnt sich die Krka ihren Weg über sieben kaskadenförmige Travertin-Wasserfälle, durch weite Karsttäler hindurch, ehe sie in der Meeresbucht bei Šibenik in die Adria mündet. Einige der ehemals 30 Wassermühlen entlang der Krka wurden hübsch saniert.

Am berühmtesten ist der Wasserfall Skradinski buk. Ausgangspunkt ist das nahe gelegene malerische Städtchen Skradin, zu dem viele Skipper die Krka hinaufsteuern. Nicht weniger sehenswert ist der Wasserfall Roški slap, weiter nördlich, wo es nicht ganz so trubelig wie am Skradinski buk zugeht. Überhaupt wird es im Norden, in Richtung Knin, immer ruhiger. Entlang beider Uferseiten der Krka winden sich Landstraßen hinauf, zum römischen Militärlager Burnum, dem Kloster Krka oder – am Ostufer – durch das für seinen Rohschinken »pršut« bekannte Städtchen Drniš. In dieser dünn besiedelten Gegend erinnnern verwachsene, hohle Hausskelette daran, dass der jüngste Krieg noch nicht vergessen ist.

 Sehenswert

Skradinski buk
| Wasserfall |

Höhepunkt des Nationalparks ist der Skradinski buk, der letzte der sieben Wasserfälle der Krka. Hier gehen 17 größere und kleinere Travertin-Wasserfälle auf einer Länge von 800 m ineinander über – ein eindrucksvolles Naturschauspiel! Ein Rundweg führt daran vorbei (1–2 Std.). Die restaurierten Mühlen können besichtigt werden. In den unteren Seen durfte in einigen Abschnitten gebadet werden, das ist seit Kurzem verboten.

Insel Visovac
| Klosterinsel |

Für Romantiker: Wo sich die Krka zum weitläufigen Visovac-See ausweitet, thront ein Franziskanerkloster (14. Jh.)

Heute noch leben Mönche im Kloster Visovac, das man besichtigen kann

malerisch auf der gleichnamigen Insel. Es ist der Barmherzigen Muttergottes (Majka od milosti) geweiht. Die Mönche hüten Kelche, Kreuze, alte Gewänder und wertvolle Manuskripte, etwa Edikte des osmanischen Sultans.

◼ Bootstouren ab Srkadinski buk (nicht im Eintrittspreis für den Nationalpark inbegriffen, März–Nov. 100 HRK, erm. 70 HRK, unter 4 Jahre frei)

Roški slap
| Wasserfall |

Der sechste und von Norden aus betrachtet vorletzte Wasserfall der Krka, 13 km nördlich des Skradinski buk, ist 650 m breit, die Kaskaden stürzen bis zu 23 m tief hinab. Bei den restaurierten Wassermühlen sitzt man mit Seeblick beim Espresso.

Oziđana pećina
| Höhle |

Zur 59 m langen Oziđana-Höhle in der Nähe des Parkeingangs Roški slap führen 517 Stufen entlang der steilen Felswand hinauf. Oben heißt es: Helm auf, die Decke ist nur 2,50 m hoch. Zu sehen gibt es bronzezeitliche Funde dort, wo sie entdeckt wurden. Alternativ-Zugang oberhalb, mit Parkplatz und 99 Stufen.

◼ April–Okt. (im Parkeintritt inkl.)

Kloster Krka (Sveti Aranđelovac)
| Kloster |

 Das bedeutendste serbisch-orthodoxe Kloster Kroatiens

Oberhalb des Flusses Krka erhebt sich das Kloster Sveti Aranđelovac (hl. Erzengel, 14. Jh.), umgeben von üppig grüner Natur. Die winzige Erzengel-Michael-Kirche (Arhanđel Mihail) im Kreuzgang gefällt mit ihrer intensiven Wand- und Deckenbemalung. Im

ADAC Mobil

Im Sommer werden von Šibenik und anderen Küstenorten **Bus- oder Bootsausflüge** in den Nationalpark Krka angeboten. Mit dem Auto lässt sich die Gegend auch individuell erkunden. **Fünf Eingänge** (unterschiedliche Öffnungszeiten!) führen hinein: Skradin, Lozovac, Roški slap sowie die Nebeneingänge Burnum und Kistanje (Zufahrt zum Kloster Krka). An jedem Eingang befindet sich ein Infozentrum, in Skradin ein größeres mit Ausstellung zur Nationalpark-Geschichte. Vom Eingang Skradin (ganzjährig, Juli, Aug. 8–20 Uhr, sonst kürzer) verkehren Pendelboote zum Skradinski buk (im Eintrittspreis inbegriffen), von Lozovac Pendelbusse (nur Sommer) zum Wasserfall Skradinski buk (1 km).

Sommer (April, Mai–Okt.) klettert man mit einem Mitarbeiter des Nationalparks durch altrömische Katakomben, in denen schon Apostel Paulus gepredigt haben soll. Die Anlage wurde während des Heimatkriegs vor Zerstörung geschützt und 2001 wieder in Betrieb genommen. Heute studieren 60 Klosterschüler dort. Gegenüber, auf der Ostseite des Flusses Krka, ragen einige Festungsruinen empor.

◼ Carigradska draga, Tel. 022/20 17 77, Anreise: 3,5 km ab Kistanje mit dem Auto; mit dem Boot ab Roški slap (April–Okt.)

Restaurants

€€€ | **Zlatne školjke** Traditionslokal mit Terrasse und Holz-Interieur: Fisch und Muscheln sind hier eine gute Wahl sowie das berühmte Skradiner Kalbfleisch-Risotto, das bis zu 12 (!) Std. köcheln muss. ■ Grgura Ninskog 9, Skradin, Tel. 022/77 10 22, tgl. 12–23 Uhr

18 Knin

Für kurze Zeit die Hauptstadt der Serben-Republik Krajina

  Information

■ TZ, Ul. dr. Franje Tuđmana 24, 22300 Knin, Tel. 022/66 48 22, www.tz-knin.hr

Knin (13 000 Einw.) erstreckt sich im Hinterland, eine Fahrstunde nördlich von Šibenik, mit Blick auf Kroatiens höchsten Berg Dinara (1831 m). Hauptattraktion ist die gewaltige, weitläufige Festungsruine. Die Stadt gilt vielen Kroaten als Inbegriff der nationalen Unabhängigkeit: Knin war früher mehrheitlich serbisch bewohnt (86 % der Bevölkerung) und im Heimatkrieg (1991–95) die Hauptstadt der offiziell nicht anerkannten Serben-Republik Krajina. Im August 1995 wurde die Gegend mit der umstrittenen Militäroperation »Oluja« (dt. Sturm) von kroatischen Truppen zurückerobert, bis zu 200 000 Serben mussten fliehen. Der wirtschaftliche Aufschwung lässt bis heute auf sich warten.

  Sehenswert

Festung Knin
| Burgruine |

 Mächtiges Bollwerk im geschichtsträchtigen Hinterland

Wer alte Mauern mag, wird beeindruckt sein: Die gut erhaltene Festungsruine von Knin gilt als eine der größten in Europa. Sie thront auf dem Berg Spas, ein steiler Fußweg führt über eine Zugbrücke hinauf (besser unten parken!). Dort beginnt ein verwinkeltes Labyrinth durch fünf Bauabschnitte, die ab dem 9. Jh. entstan-

  Erlebnisse

Etnoland Dalmati
| Themenpark |

Der konstruierte dalmatinische Themenpark begeistert mit altem Handwerk, Steinhäusern und Folkloreabenden, bei denen man Peka-Gerichte probieren kann (Reservierung!). Spontane Besucher können sich das Anwesen mit einem Audioguide (Deutsch) anschauen und Rohschinken kosten.

■ Oštarija 9, Ortschaft Pakovo selo bei Drniš (22 km nördlich von Šibenik), Tel. 099/220 02 00, www.dalmati.com

  Wandern

Der knapp 2 km lange Lehrpfad am Skradinski buk führt über Brücken und Kalkbarrieren. Am Eingang Lozovac beginnt ein ebenfalls knapp 2 km langer Naturlehrpfad. Von Stinice (beim Dorf Bogatići) zieht sich ein 10 km langer Wanderweg an der Höhle Ozidana pećina und den Wasserfällen Roški slap vorbei, mit Blick auf die Klosterinsel Visovac.

  In der Umgebung

Scardona Park
| Museum |

Im Automuseum in der ehemaligen Aluminiumfabrik glänzen Retro-Autos um die Wette. Da darf der jugoslawische Kult-Lizenznachbau des Fiat 600 (»Fićo«) nicht fehlen.

■ Put Sv. Jere 2, Skradin, www.scardona-museum.com, 10–17 Uhr, 50 HRK, erm. 30 HRK

Von der gewaltigen Festung Knin reicht der Blick weit über das Umland

den sind. Nach und nach erreichte die Festung eine Länge von 470 m. Eine moderne Ausstellung, »Oluja ´95«, zeichnet die jüngste Kriegsgeschichte der Stadt mit Fotos, Zeitungsausschnitten und anderen Exponaten erschütternd nach. Zwei weitere Sammlungen zeigen archäologische Funde und Brauchtum. Ganz oben thront ein neueres Denkmal des ersten kroatischen Präsidenten Franjo Tuđman, der nach der Rückeroberung der Krajina 1995 die Erde an dieser Stelle küsste.

■ Fra Luje Maruna 1, Knin, www.kninski muzej.hr, Mitte März–Okt. tgl. 8–19, Nov.–Mitte März Mo–Fr 8–15 Uhr, 40 HRK

 Verkehrsmittel

Zwischen Šibenik und Knin verkehrt ein **Regionalzug** (1 Std. 40 Min., www.hzpp.hr, E-Ticket-Versand auf das Smartphone).

 Restaurants

€ | Tvrđava Von der Terrasse des angenehmen Café-Restaurants in der Festung fällt der Blick auf die gebirgige Umgebung. Ćevapčići sind hier eine gute Wahl. Faire Preise! ■ Sommer tgl. 8–24, Winter 8–19 Uhr

 In der Umgebung

Mausoleum des Ivan Meštrović
| Grabkapelle |

Wer von der Küste nach Knin (oder zurück) über Drniš fährt, sollte einen Abstecher in das abgeschiedene Dörfchen Otavice einplanen. Ein Treppenweg führt vor dem Ort auf einen Hügel mit kunstvoller Grabkapelle (Crkva Presvetog Otkupitelja) hinauf: Diese wird meist nur »Mauzolej Ivana Meštrovića« genannt. Der Meister selbst (S. 58) entwarf den hellen Kalk-

Im Blickpunkt

Kroatiens begnadeter Bildhauer

Ivan Meštrović (1883–1962) gilt als einer der berühmtesten kroatischen Künstler des 20. Jh. Seine Kindheit verbrachte der spätere Bildhauer und Architekt in einfachen Verhältnissen im Dörfchen Otavice, im dalmatinischen Hinterland der Küste. Ein Steinmetz aus Split entdeckte das außergewöhnliche Talent des damals 15-Jährigen, ein österreichischer Grubenbesitzer übernahm die Studiengebühr für das Ausnahmetalent an der Kunstakademie in Wien. Meštrović war später in Paris tätig und emigrierte nach dem Zweiten Weltkrieg in die USA, wo er als Professor lehrte. Aus dem Exil schickte er viele Statuen nach Jugoslawien. Zu seinen Werken gehören u. a. der monumentale Bischof Gregor von Nin (Grgur Ninski) in Split (S. 70), das Juraj-Dalmatinac-Denkmal vor der Kathedrale in Šibenik (S. 47) und das Mausoleum in Cavtat (S. 117). Viele Werke sind auch in seinen beiden Museen in Split zu bestaunen (S. 76).

stein-Bau in den 1920er-Jahren für seine engsten Familienangehörigen und fand hier auch seine letzte Ruhe.

■ 10 km östlich von Drniš, 1 km außerhalb des Dörfchens Otavice/Ružić (beschildert), www.mestrovic.hr, Di–Sa 10–16, So 9–14 Uhr, 20 HRK, erm. 15 HRK

19 Primošten

Vom Meer umspülte pittoreske Altstadt auf einem Hügel

Information

■ TZ, Trg biskupa Josipa Arnerića 2, 22202 Primošten, Tel. 022/57 11 11, www.tz-primosten.hr

Malerisch ragt die Altstadt von Primošten (2800 Einw.) ins Meer hinein, von Stadttor und Resten einer Wehrmauer umgürtet. Die Gründer des Städtchens waren auf der Flucht vor den Osmanen. Sie ließen sich auf dem Eiland nieder, bauten eine Zugbrücke zum Festland und zogen diese kurzerhand hinauf, wenn Gefahr drohte. Längst schon wurde die Altstadt mit dem Festland verbunden und wirkt von dort am schönsten.

Sehenswert

Altstadthügel
| Stadtbild |
Durch ein kleines Stadttor hindurch gelangt man zum Trg biskupa Josipa Arnerića, mit Cafés und Restaurants. Linker Hand geht es zur Uferpromenade. Zwei gepflasterte Gassen mit Natursteinhäusern und flach aufgeschichteten Steindächern ziehen sich, an einladenden Restaurants vorbei, bis zum höchsten Punkt der Altstadt hinauf: Dort thront die Pfarrkirche Sveti Juraj (hl. Georg) auf der Hügelspitze, umgeben von einem Friedhof.

Plaža Velika Raduča
| Strand |
Der schöne, jedoch trubelige, felsige Stadtstrand erstreckt sich auf der Hotel-Halbinsel. Familien mit Klein-

kindern, Jugendliche, Touristen – hier treffen sich alle. Badeschuhe einpacken, die Felsen sind spitz!

 Parken

Großer **Parkplatz** vor der Altstadt **beim Kreisverkehr;** auch sehr begehrte **Parklücken an der Uferpromenade** Ulica bana Josipa Jelačića (Sommer 20 HRK/Std., 6–24 Uhr).

 Restaurants

€ | **Girica** Dalmatinisches Fingerfood: Leckere frittierte Sardellen, Garnelen und auch »pršut« werden auf rustikalen Holzbänken am Altstadthang serviert. ■ Ul. Put briga 6, tgl. 11–23 Uhr

 Kneipen, Bars und Clubs

Aurora Dalmatiens größte Open-Air-Disco ist im Sommer gut besucht. ■ Kamenar bb (2 km vom Zentrum), www.auroraclub.hr, im Sommer tgl. 23–5 Uhr

 In der Umgebung

Vinogradi Bučavac
| Weinberg |
Primošten ist für seine typische Rotweinsorte Babić berühmt, die rubinrot im Glas schimmert. Besonders gut gedeihen die Rebstöcke in den Bučavac-Weingärten, wo eine antike Anbautechnik gepflegt wird: Von Hand aufgeschichtete Trockensteinmauern teilen den kargen, felsigen Hang über dem Meer in winzige Parzellen. Regen und Wind haben so keine Chance, die Rebstöcke abzutragen.
■ Kostenpflichtige Parkplätze in der Marina Kremik, 2 km südlich von Primošten, von dort zu Fuß weiter

Rogoznica
| Ort |
Die Altstadt von Rogoznica (2400 Einw.) erstreckt sich auf einer kleinen Insel, die durch einen Damm ans Festland angebunden ist. Am Abend füllt sich die Uferpromenade mit Leben. Highlight für die Kleinen ist dort ein 15 m langes Meerwasser-Aquarium, das frei zugänglich ist (Mai–Okt.).
Skipper schätzen die moderne Marina Frapa auf der gegenüberliegenden Halbinsel. Dort befindet sich auch der Salzwassersee Zmajevo oko (»Drachenauge«): Wagemutige springen von den Felsklippen in den See, der durch eine eingestürzte Doline entstanden ist. Auf dem Grund soll übrigens der namensgebende Drache leben, so die Legende. In der Umgebung gibt es Naturstrände und Buchten.

Der richtige Platz, um abends den Wein zu kosten, der bei Primošten gedeiht

Norddalmatien – südlicher Teil

 Übernachten

Šibenik besaß lange nur ein einziges, in die Jahre gekommenes Stadthotel – und hat nun mit einer Handvoll charmanter Unterkünfte aufgeholt. Wer einen Badeurlaub plant, kommt in der Ferienanlage Amadria Park/Solaris unter, auf der beliebten Bade-Halbinsel Brodarica, südlich der Stadt. Den trubeligen Badeort Vodice mit vielen Privatunterkünften bevölkert ein eher jüngeres Publikum. Wer im Nationalpark Krka übernachtet, kann gleich vor der Haustüre zur Entdeckertour starten. Im Hinterland von Šibenik gibt es mehrere Agroturismus-Gehöfte, in denen Sie der Hausherr mit eigenem Wein und Leckereien versorgt.

Šibenik und Umgebung 46

€€ | **Stella Maris** Kleineres, modernes Hotel in Strandnähe mit privatem Parkplatz. ■ Put Vatroslava Lisinskog 28 a, 22211 Vodice, Tel. 022/44 08 81, www.stellamaris.hr

€€–€€€ | **Amadria Park** Eine der bekanntesten Ferienanlagen Kroatiens, Solaris, firmiert nun unter neuem Namen. Fünf Hotels mit gepflegter Außenanlage, ein moderner Aquapark, ein nachgebautes Ethno-Restaurantdorf – für jedes Budget ist hier etwas dabei. Das Hotel Andrija mit Spielecke, Mini-Buffet und Animation ist bei Familien beliebt. Busanbindung in die Altstadt. ■ Hoteli Solaris 6 (5 km südlich der Altstadt), 22000 Šibenik, Tel. 022/36 10 01, www.amadriapark.com

€€€ | **Bellevue Superior City Hotel** Behagliches, recht neues Hotel an der Uferpromenade: Bodentiefe Fenster verleihen in den oberen Etagen das Gefühl, als würde man direkt über dem Meer schweben – so unverstellt ist der Ausblick. Das Frühstücksbuffet ist vielfältig, das Personal zuvorkommend – hier fühlt man sich wohl. Geparkt wird am reservierten Parkplatz (Gebühr), direkt am Pier gegenüber. ■ Obala hrvatske mornarice 1, 22000 Šibenik, Tel. 022/64 64 00, www.bellevuehotel.hr

€€€ | **Heritage Hotel King Krešimir** Außergewöhnliches Design-Hotel in einem karminroten Herrenhaus mitten in der Altstadt; Lobby im Wohnzimmer-Stil mit dicken Teppichen und Bücherwand; Raumtemperatur und TV werden mittels Leih-Tablet reguliert. Das recht neue Haus wurde eigens für Gäste ohne Kinder konzipiert (»Adults only«). ■ Dobrić 2, 22000 Šibenik, Tel. 022/4274 61, www.hotel-kingkresimir.com

€€€ | **Life Palace** Das Boutiquehotel mitten in der Altstadt (gegenüber Hotel King Krešimir) ist in einem Renaissance-Palais aus dem 15. Jh. untergebracht. Die 17 Zimmer schmücken üppige Vorhänge und »Original«-Renaissance-Bilder. ■ Ul. kralja Tomislava 12, 22000 Šibenik, Tel. 022/21 90 21, www.hotel-lifepalace.hr

€€€ | **Miramare** Gepflegtes saniertes Hotel mit 61 Zimmern in Strandnähe, mit Terrasse, Pool und Parkplätzen. Sehr zuvorkommendes Personal. Teils eingeschränkter Meerblick durch das Nachbarhotel. ■ Ul. Ljudevita Gaja 4,

22211 Vodice, Tel. 022/44 02 43, http://miramare-vodice.com

Archipel von Šibenik 52

€€ | Maestral Ein Natursteinhaus mit grünen Fensterläden direkt am winzigen Inselhafen von Prvić: So sieht die ehemalige Dorfschule der Insel aus, die heute ein freundliches Hotel mit 12 Zimmern und 1 Apartment beherbergt. Angeschlossen ist ein gutes Restaurant (mediterrane Küche), außerdem Kajak-Verleih. ■ Prvić Luka, 22233 Prvić Luka, Tel. 022/44 83 00, www.hotelmaestral.com

Nationalpark Krka 53

€ | Roški slap Das Rauschen der Wasserfälle ist das einzige Geräusch, das man hier nachts hört: Wer im Hotel Roški slap, das nur durch eine schmale Brücke vom gleichnamigen Eingang in den Nationalpark Krka getrennt ist, eincheckt, übernachtet quasi mitten im Park. Einen Designpreis würden die Zimmer nicht gewinnen – sie sind sauber, zweckmäßig und einfach –, dafür gibt es einen großen Parkplatz und ein Terrassenlokal (gegrillte Forelle!), wo die Betreiber morgens ein üppiges, individuelles Frühstück servieren. Der größte Vorteil der Unterkunft: Sie gehören morgens zu den ersten Besuchern an den Wasserfällen und in der Höhle Oziđana pećina, ehe es dann voll wird. ■ Roški slap 1, 22320 Drniš, Tel. 099/462 46 32, www.roski-slap.hr

€€–€€€ | Skradinski buk Die geräumigen Zimmer in der Ortsmitte von Skradin wurden erst kürzlich modernisiert und mit stilvoller Tapete aufgehübscht. Der Hafen und Restaurants sind fußläufig erreichbar. Gesicherter Carport (gegen Gebühr). ■ Burinovac 2, 22222 Skradin, Tel. 022/77 17 71

Knin und Umgebung 56

€€ | Agroturizam Duvančić Ländlicher Agrotourismusbetrieb mit Esel, Schafen, Ziegen, aber auch Tennisplatz und Pool. Übernachtet wird in ausrangierten Weinfässern, gegessen in der hauseigenen Konoba, in der sieben Sorten hausgemachten Weins ausgeschenkt werden. ■ Duvančići 13, 22303 Oklaj, Ortsteil Razvođe (zwischen Knin und Drniš), Tel. 098/34 04 87, www.agroturizamduvancic.com

Primošten und Umgebung 58

€ | Pansion-Restaurant Kamenar Das angesagteste Restaurant in Primošten – ein Glaswürfel mitten auf dem Hauptplatz mit moderner dalmatinischer Küche – vermietet 8 kleine, aber moderne Zimmer (1 App.). Kurzer Fußmarsch zum Parkplatz, aber es gibt einen Gepäckservice.
■ Rudine 5, 22202 Primošten, Tel. 022/57 08 89, http://restaurant-kamenar.com

€€ | Marina Frapa Resort Rogoznica Angenehme Anlage in schöner Umgebung im Jachthafen. Die hübschen Zimmer bieten Hafenblick. Gänzjährig geöffnet. ■ Uvala Soline 1, 22203 Rogoznica, Tel. 022/55 99 00, www.marinafrapa.hr

€€ | Zora Perfekte Lage für einen Badeurlaub: großes Strandhotel (Liegen gegen Gebühr) mit Blick auf die Altstadt (15 Min. Fußweg). Besser ein renoviertes Zimmer mit Meerblick buchen! ■ Raduča 11, 22202 Primošten, Tel. 022/58 11 11, www.zora-hotel.com

Mitteldalmatien: römisches Erbe und Traumstrände

Antike Baukunst, fantastische Strände und zauberhafte Urlaubsinseln locken Jahr für Jahr zahlreiche Besucher nach Mitteldalmatien

Das Herz Dalmatiens schlägt in Split, der zweitgrößten Stadt Kroatiens mit eleganter Uferpromenade und einem Flughafen. Den antiken Kern bildet der römische Diokletianpalast, gewissermaßen eine »Stadt in der Stadt«. Vorgelagert sind wunderschöne Inseln, etwa Brač mit seinem Postkartenstrand Zlatni rat oder Hvar mit seiner schicken Promenade. Mehr Ruhe findet man auf Šolta und Vis. Wer auf der Suche nach dem perfekten Azurblau ist, wird in einer Grotte auf Biševo, einer Nachbarinsel von Vis, fündig. Zurück aufs Festland: Mit ebenso wunderbar antiker Altstadt und palmenbestandener »Riva« kann Trogir, nördlich von Split, aufwarten. Von hier aus ist es nur ein Katzensprung zur antiken Ausgrabungsstätte Solin, der imposanten Burg Klis oder dem Wallfahrtsstädtchen Sinj, bekannt für seine Reiterspiele. Das touristisch geprägte Küstenstädtchen Omiš, südlich von Split, war hingegen die Hochburg der Uskoken: Statt gefürchteter Piraten bezwingen heute jedoch Rafting-Fans die tosende Cetina. Weiter südlich wird es entlang der Makarska Riviera landschaftlich noch einmal sehr reizvoll: Berge und Meer treffen hier aufeinander, verschmelzen an den hübschen Stränden von Brela, Baška Voda und anderswo miteinander – eine Kulisse, bei der viele Urlauber ins Schwärmen geraten.

In diesem Kapitel:

20	**Trogir**	64
21	**Kaštela**	66
22	**Sinj**	69
23	**Split**	70
24	**Insel Šolta**	78
25	**Insel Brač**	78
26	**Insel Hvar**	81
27	**Insel Vis**	85
28	**Omiš**	87
29	**Makarska**	88
30	**Makarska Riviera**	90
	Übernachten	92

ADAC Top Tipps:

6 Trogir
| Stadtbild |
Die von der UNESCO geadelte Altstadt liegt auf einer Insel und ist durch eine Brücke mit dem Festland verbunden. 64

 Diokletianpalast, Split
| Römisches Bauwerk |
Kein Palast, sondern die Altstadt von Split und römisches Architekturerbe: Hier kann man shoppen, chillen und entspannen in einem antiken Altstadtkern. 71

 Hvar (Stadt)
| Stadtbild |
Eine mondäne Promenade, an der zahlreiche Jachten vor Anker liegen, und eine hübsche Altstadt machen die Inselhauptstadt seit vielen Jahren zu einem Touristenmagneten. 82

ADAC Empfehlungen:

 Festung Klis
| Festung |
Das einst mächtige Bollwerk war im Mittelalter die Residenz kroatischer Könige. 68

 Zlatni rat, Insel Brač
| Strand |
Das »Goldene Horn« ist der berühmteste Strand Dalmatiens. 79

 Pakleni otoci
| Inselgruppe |
Die »Hölleninseln« locken mit zauberhaften Badebuchten und herrlichen Tauchspots. 85

 Blaue Grotte, Insel Biševo
| Felsgrotte |
Magisches Licht dominiert die »Blaue Grotte« am späten Vormittag. 87

 Radmanove mlinice, bei Omiš
| Restaurant |
Das herrliche Mühlenrestaurant ist bei den Einheimischen sehr beliebt. 88

 Punta rata, Brela
| Strand |
Mit seinem baumbewachsenen Felsen im Meer einer der schönsten Strände Europas. 91

 Naturpark Biokovo
| Gebirge |
Das Gebirgsmassiv, Lebensraum zahlreicher Tier- und Pflanzenarten, lädt zu Wanderungen ein. 91

20 Trogir

 Die UNESCO-gekrönte Altstadt ist reich an kulturellen Schätzen

Information

■ TZG, Trg Ivana Pavla II/1, 21220 Trogir, Tel. 021/88 56 28, www.visittrogir.hr

Die Altstadt von Trogir (13 000 Einw.) drängt sich auf einem kleinen Inselchen: zwischen Festland und der Badeinsel Čiovo, mit beiden durch Brücken verbunden. Nach Čiovo blickt auch die makellose Riva aus hellem Stein. Griechische Siedler von der Insel Vis (S. 85) ließen sich hier schon vor 2300 Jahren nieder, deshalb führt antikes Pflaster durch die mittelalterliche Altstadt (13.–16. Jh.), an Renaissance-Palästen, Bürgerhäusern, Kirchen und Museen vorbei: Hier öffnet sich ein kleiner Platz zum Espressoschlürfen, dort ein Hinterhof mit Steintreppen, überall blitzen Fassaden mit steinernen Balustraden auf. So viel Anmut war der UNESCO 1997 die Aufnahme der gesamten Altstadt von Trogir in die Liste des Weltkulturerbes wert.

Sehenswert

Trg Ivana Pavla II
| Platz |

Der schönste Platz der Stadt, nach Papst Johannes Paul II. benannt, breitet sich rund um die Kathedrale aus. Wenn

Wiederholt unter Fremdherrschaft geraten, strebte Trogir stets nach Unabhängigkeit

Sie Glück haben, singt gerade ein Männerchor UNESCO-gekürte Klapa-Gesänge (S. 60) in der alten Loggia (loža, 15. Jh.). Direkt daneben drängt sich der Uhrturm der früheren Kirche Sveti Sebastijan (hl. Sebastian), dahinter duckt sich die Kirche Sveta Barbara (hl. Barbara, 11. Jh.). Die Ostseite des Platzes gehört dem dreigeschossigen Renaissance-Rektorenpalast (15. Jh., Umbau 18. Jh.), heute das Rathaus mit Touristeninformation. Der Čipiko-Palais (15. Jh.) schließt die Westseite des Platzes ab: Mit seinen hübschen Spitzbogen-Fenstern gehört er zu den meistfotografierten Gebäuden der Altstadt. Übrigens taucht der Platz in der Verfilmung von »Winnetou 3« (1965) als Westernstadt auf!

Kathedrale Sveti Lovro
| Kathedrale |

Das imposanteste Bauwerk der Stadt ist die dreischiffige Katedrala Svetog Lovre (des hl. Laurentius), die den Hauptplatz überragt. Verschiedene architektonische Stilrichtungen vermischen sich hier, da sich ihr Bau von 1123 bis 1598 hinzog. Den Architektur-Mix erkennt man am 47 m hohen Glockenturm besonders gut: Gotik, Renaissance und Barock folgen hier, Schicht auf Schicht, übereinander. Wer den Turm besteigt, wird mit einem schönen Panoramablick belohnt. Werfen Sie unbedingt einen Blick auf das romanische Hauptportal: Dort hat Meister Radovan (um 1240) kunstvolle Szenen und Personen aus der Bibel gemeißelt, etwa Adam und Eva. Die Seitenkapelle gilt als eines der Meisterwerke der Renaissance.

■ Trg Ivana Pavla II, Sommer Mo–Sa 8–19, So 12–18 Uhr, Winter verkürzt, 25 HRK

Kairos-Sammlung
| Antike Sammlung |

Die »Zbirka umjetnina kairos« stammt noch aus Zeiten der griechischen Besiedelung von Trogir: Höhepunkt ist ein antikes Marmor-Relief (4.–3. Jh. v. Chr.), das Kairos, den Gott des günstigen Augenblicks, abbildet. Die Benediktinerinnen hüten den Schatz in ihrem Kloster (Sveti Nikola) in einer Altstadtgasse. Das Relief wurde 1928 in einem verlassenen Haus gefunden.

■ Gradska 2, Mai–Okt. 9–12, 15–18 Uhr, 30 HRK

Festung Kamerlengo
| Festung |

Eine viereckige venezianische Burganlage (15. Jh.) mit Ecktürmen und Schießscharten schließt die Riva im

Südwesten ab. Der Innenhof wird gelegentlich für Konzerte oder andere Veranstaltungen genutzt, ansonsten sind nur die Mauern erhalten. Der Aufstieg lohnt sich dennoch, um die Riva von oben zu fotografieren! Früher war die Festung über die Stadtmauer mit dem Turm Sveti Marko (15. Jh.) verbunden.
■ Obala Hrvatskog proljeća 1971 bb, Juni–Sept. 9–22 Uhr, sonst kürzer, 25 HRK

Verkehrsmittel

Im Sommer (Mai–Sept.) pendelt eine **Fähre** zwischen Split und Trogir (30 Min.), mit Zwischenstopp auf Čiovo (Slatine). ■ www.buraline.com
Zubringer zum Flughafen Split ab Busbahnhof (10 Min.)

Parken

Nur eine Brücke trennt den **zentralen Parkplatz (P1)**, neben der Adria-Magistrale gelegen, von der Altstadtinsel (5–20 HRK/Std., je nach Saison).

Restaurants

€€€ | **Alka** Das Traditionsrestaurant in der Altstadt serviert solide Steaks und Fisch vom Grill. ■ Bl. A. Kažotića 15, Tel. 021/88 18 56, www.restaurant-alka.hr, tgl. 9–23.45 Uhr

Einkaufen

Mala Loža Loggia mit Schmuckverkauf an der Riva. ■ Obala bana Berislava 10, tgl. 9–21 Uhr
Tržnica Olivenöl, Liköre, Obst, Gemüse und mehrere Gänge mit Asia-Ware bietet der Grünmarkt (Nähe Parkplatz P1 und Busbahnhof). ■ Ul. Ivana Duknovića 6 a, Mo–Fr 6–13, So 6–12 Uhr

In der Umgebung

Insel Čiovo
| Insel |

Zum Baden geht es auf die Insel Čiovo (6000 Einw., 29 km²): Beliebt ist der Strand »Copacabana« in Okrug Gornji, 2 km von Trogir entfernt, mit Strandbars und Wassersport-Möglichkeiten. Ruhiger geht es im Örtchen Donji Okrug zu, wo es zwar keine Restaurants, dafür viel unberührte Natur gibt. Eine moderne Klappbrücke (547 m) verbindet seit 2018 das Festland direkt mit Čiovo und umgeht die winzige Altstadtinsel von Trogir.
■ TZ Okrug Gornji: www.visitokrug.com

21 Kaštela

Sieben Festungsanlagen beherrschen die Kaštela-Bucht

Information

■ TZG, Lušiško Brce 5 (Vitturi-Festung), 21215 Kaštel Lukšić, Tel. 021/22 79 33, www.kastela-info.hr

An der Adria-Magistrale zwischen Trogir und Split erstreckt sich das Städtchen Kaštela (39 000 Einw.). Genau genommen sind es sieben Ortschaften, die ineinander übergehen und allesamt das Wort »Kaštel« im Namen tragen. Jene 13 namensgebenden Kastelle ließ einst der Adel von Trogir als Schutz vor den Osmanen und Piraten errichten. Sieben sind noch mehr oder weniger gut erhalten. Kaštel Sućurac mit seinem Erzbischöflichen Palais lohnt einen Blick, auf dem Gebiet von Kaštel Štafilić liegt der Flughafen Split, in den übrigen Orten lässt es sich ganz unaufgeregt baden und bummeln.

Kaštela 21

Salona war zu römischer Zeit ein wichtiges Handels- und Militärzentrum

 Sehenswert

Stadtmuseum
| Museum |
In der Vitturi-Festung in Kaštel Lukšić zeigt das Stadtmuseum Trachten, Mobiliar und Funde aus der Umgebung. Im Shop kann man Fläschchen mit dem Öl eines 1500 Jahre alten Olivenbaums erstehen, ein Wahrzeichen von Kaštela.
■ Lušiško Brce 5, Kaštel Lukšić, www.muzej-grada-kastela.hr, Juni–Sept. Mo–Sa 9–20, So 9–13 Uhr, Winter verkürzt, 20 HRK, erm. 15 HRK

 Restaurants

€€ | **Perlica** Lamm am Spieß! Dafür fahren sogar die Splićani in das berühmteste Traditionslokal von Klis, 2 km nordöstlich der Burg. ■ Ul. dr. Franje Tuđmana/Trg Grlo 1, Klis-Grlo, Tel. 021/24 00 04, www.restoran-perlica.hr, Di–So 9–22 Uhr

 Erlebnisse

Etno Agro Park Stella Croatica Rekonstruiertes Ethno-Dorf mit Schau-Manufaktur, Aromagarten und Shop.
■ Most Mihovilovići 21a, Klis (2 km nordöstl. der Festung), Tel. 099/215 02 50, www.stella-croatica.hr, April–Okt. Mo–Sa 9–17 Uhr, 40 HRK, erm. 20 HRK

Gefällt Ihnen das?

Nachgebaute **Ethnodörfchen** liegen im Trend! Es gibt sie auch in Pakovo selo (nahe dem Nationalpark Krka, S. 56) und in der Hotelanlage Amadria Park/Solaris bei Šibenik (S. 50).

21 Kaštela

Ein bildgewaltiges Spektakel: die jährlichen Reiterspiele Sinjska alka

In der Umgebung

Salona
| Ruinen |

Wo sich heute der Industrievorort Solin (25 300 Einw.) ausbreitet, zwischen Kaštela und Split, befand sich im 1. Jh. v. Chr. die römische Provinzhauptstadt Salona – mit doppelt so vielen Bewohnern. Hier wurde vermutlich der spätere Kaiser Diokletian geboren. Die Grundmauern von Thermen, einem Tempel und einer Basilika sind noch zu sehen, das im 18. Jh. abgetragene Amphitheater bot 18 000 Zuschauern Platz. Im Friedhofsabschnitt Manastirine erblickt man Sarkophage, in der Villa Tusculum am Eingang sind Skulpturen ausgestellt. Weitere Funde im Archäologischen Museum in Split.

 Don Frane Bulića 91, Solin, Juni–Aug. Mo–Fr 7–20, Sa 8–20, So 9–14 Uhr, übrige Zeit verkürzt, 40 HRK, erm. 20 HRK

Festung Klis
| Festung |

 Die einstige Residenz kroatischer Könige diente als Filmlocation

Mächtig ragt die Festung Klis auf einem felsigen Bergsattel (360 m) empor, 5 km landeinwärts von Solin. Seit sie Drehort von »Game of Thrones« war, sind die Besucherzahlen sprunghaft angestiegen. Zu sehen gibt es einen frisch restaurierten Rektorenpalast, ein Multimedia-Zentrum und eine Sammlung von Schwertern, aber auch viele verwunschene Ecken. Eingebettet zwischen Kozjak- und Mosorgebirge, überblickt die Festung die Straße nach Bosnien: Die strategische Lage nutzten schon die Illyrer, denen die Römer folgten. Die altkroatischen Fürsten bauten die Festung im 9. Jh. weiter aus, im Lauf der Zeit ist sie auf eine Fläche von rund 350 x 50 m angewachsen. Feste Schuhe empfehlen

sich! Alljährlich im Juli wird an die Schlacht gegen die Osmanen gedacht, als die Festung 1648 an Venedig fiel – ein tolles Ritterspektakel!
■ Kliška tvrđava, Klis, www.tvrdavaklis.com, tgl. 10–17 Uhr, 60 HRK, erm. 20 HRK

22 Sinj

Stadt der Reiterspiele und bedeutender Wallfahrtsort

 Information

■ TZG Sinj, Put Petrovca 12, 21230 Sinj, Tel. 021/82 63 52, www.visitsinj.com

Das beschauliche Städtchen Sinj (11 500 Einw.) taucht 18 km nördlich der Autobahnausfahrt Split-Dugopolje im Hinterland auf, eingebettet in das fruchtbare Cetina-Tal.
Über der Altstadt thront die sternförmige Festung Kamičak (1712) mit Uhrturm auf einem Hügel, wo im Sommer Konzerte stattfinden. Die Hauptattraktion der Stadt ist jedoch das Reiterspiel Sinjska alka (»Alka von Sinj«), mit dem man sich an das schicksalhafte Jahr 1715 erinnert: Damals belagerte ein übermächtiges türkisches Heer die Stadt. Die zahlenmäßig unterlegenen Bewohner von Sinj beteten die Muttergottes um Beistand an. Nach genau einer Woche, an Mariä Himmelfahrt (15. August), trat das osmanische Heer völlig unerwartet den Rückzug an. Dieses Wunder wird seither mit der Sinjska alka gefeiert, die seit 2010 auf der UNESCO-Liste des immateriellen Weltkulturerbes steht.
Die Muttergottes von Sinj machte unterdessen das kleine Städtchen zum bedeutendsten Marien-Wallfahrtsort in ganz Dalmatien.

ADAC Mittendrin

Ein **Fischerfest** in Dalmatien ist ein ganz besonderes Erlebnis: Da werden Sardinen an der Uferpromenade gegrillt oder ein großer Brudet-Fischtopf für alle aufgesetzt. Wer in Tribunj (bei Vodice) mitfeiert, darf mit aufs Fischerboot. Ein Glas Wein oder eine »Bevanda« (Wein mit Wasser) gehören ebenso zu einem Fischerfest wie ein Klapa-Männerchor (S. 60), der die »dalmatinische Seele« berührt. Die Erlöse kommen meist der Dorfgemeinschaft zugute. Termin bei der TZ erfragen oder auf Aushänge achten: »Ribarska noć« (Fischernacht) oder »Ribarska fešta« (Fischerfest).

 Sehenswert

Muzej Sinjske alke
| Museum |
Stolze Uniformen, Säbel, lebensgroße Reiter: In dem modernen Museum dreht sich alles um die Sinjska alka. Wer will, probiert sein eigenes Geschick als Lanzenreiter aus – interaktiv am Bildschirm.
■ Put Petrovca 12, www.alka.hr, Mai, Juni, Sept., Okt. 9–17, Juli, Aug. 9–19, Nov.–April 8–16 Uhr, 50 HRK, erm. 30/10 HRK

 Events

Sinjska alka Am ersten August-Wochenende ist es so weit: Reiter in historischen Gewändern müssen die Mitte eines doppelten Ringes (türk. »alka«) mit der Lanze durchstechen – auf einem galoppierenden Pferd. Fr, Sa Proben, So Hauptevent mit großer Prozession. ■ www.visitsinj.com

23 Split

Eine Stadt, die sich in einem römischen Palast entwickelte

Splits Altstadt will zu Fuß entdeckt werden – Plätze für eine Rast gibt es reichlich

Information

■ TIC, Peristil bb, Tel. 021/34 56 06, 21000 Split, www.visitsplit.com (Stadt), www.dalmatia.hr (Region)

Split (178 000 Einw.) ist nicht nur die zweitgrößte Stadt Kroatiens, sondern auch die »Hauptstadt Dalmatiens«: Wie keine andere an der Küste versprüht sie ein urbanes Lebensgefühl, mit Universität, Industrie, Hafen und allem, was zu einer Großstadt gehört. Längst schon stoppen auch die großen Kreuzfahrtschiffe hier, und örtliche Reiseleiter lotsen Besuchergruppen über das holprige antike Straßenpflaster, an hellen Natursteinhäusern, charmanten Boutiquen und einladenden Cafés vorbei. Die meisten Altstadt-Besucher kommen an der lebhaften Uferpromenade (Obala hrvatskog narodnog preporoda) an, kurz »Riva« genannt. Sie bietet eine gute Orientierung. Kernstück der Promenade ist die Lieblingsflaniermeile der Splićani: Elegante weiße Sonnensegel und Palmen beschatten die Cafés. Nach Osten zieht sich die Riva am Hafen und den Kreuzfahrtschiffen entlang bis zum beliebten Stadtstrand Bačvice, nach Westen mündet sie in den grünen Hausberg Marjan mit hübschen Badeplätzen. Und von der Riva betritt man

Der Diokletianpalast I **Split** 23

**Plan
S. 72/73**

den berühmten Dikoletianpalast. Wer den ursprünglichen, dalmatinischen Geist von Split erleben will, sollte unbedingt durch das Stadtviertel Veli Varoš mit seinen Treppengassen bummeln, zwischen Altstadt und Hausberg Marjan im Westen gelegen.

Der Diokletianpalast

 Rundgang durch die römische Altstadt von Split

Wenn das keinen Seltenheitswert hat! In einer kaiserlichen Residenz, die der in Salona geborene römische Kaiser Diokletian sich hier Ende des 3. Jh. als Altersruhesitz errichten ließ, entwickelte sich im Laufe der Zeit die Altstadt von Split mit Geschäften, Restaurants, Cafés – und heute einem quirligen Leben.

Nicht selten suchen Gäste, die das erste Mal in der Altstadt von Split ankommen, irritiert den UNESCO-gekrönten Diokletianpalast (Dioklecijanova palača). Dabei stehen sie bereits mittendrin! Der historische Stadtkern, der an die Riva grenzt, ist gewissermaßen der frühere Palast (215 x 180 m)! Diesen ließ sich der römische Kaiser Diokletian (245–313 n.Chr.) errichten: Zehn Jahre dauerte der Bau, 305 n. Chr. war das Mammutprojekt fertig, gebaut mit dem berühmten »Marmor«, eigentlich Kalkstein, von der vorgelagerten Insel Brač, zudem wurden ein Dutzend Sphingen aus Ägypten herbeigeschifft.

Bis zu 18 m hohe Mauern umgürteten den Komplex, der von Bewohnern der Halbinsel auf der Flucht vor angreifenden Awaren besiedelt und im Lauf der Jahre durch Wohnhäuser, Cafés und Boutiquen baulich verändert wurde. Ursprünglich führten vier nach Metallen benannte Tore in den Palast: Vom Goldenen Tor (Zlatna vrata/Porta Aurea) im Norden sind nur noch Podeste erhalten, das wieder freigelegte Silberne Tor (Srebrna vrata/Porta Argentae) an der Ostseite des Palastes mündet beim Grünmarkt, das Eisentor im Westen (Željezna vrata/Porta Ferrea) erreicht man vom Narodni trg (Volksplatz), und das Bronzetor (Brončana vrata/Porta Aenea) verbindet Uferpromenade und Palast.

23 Split

Plan I Split 23

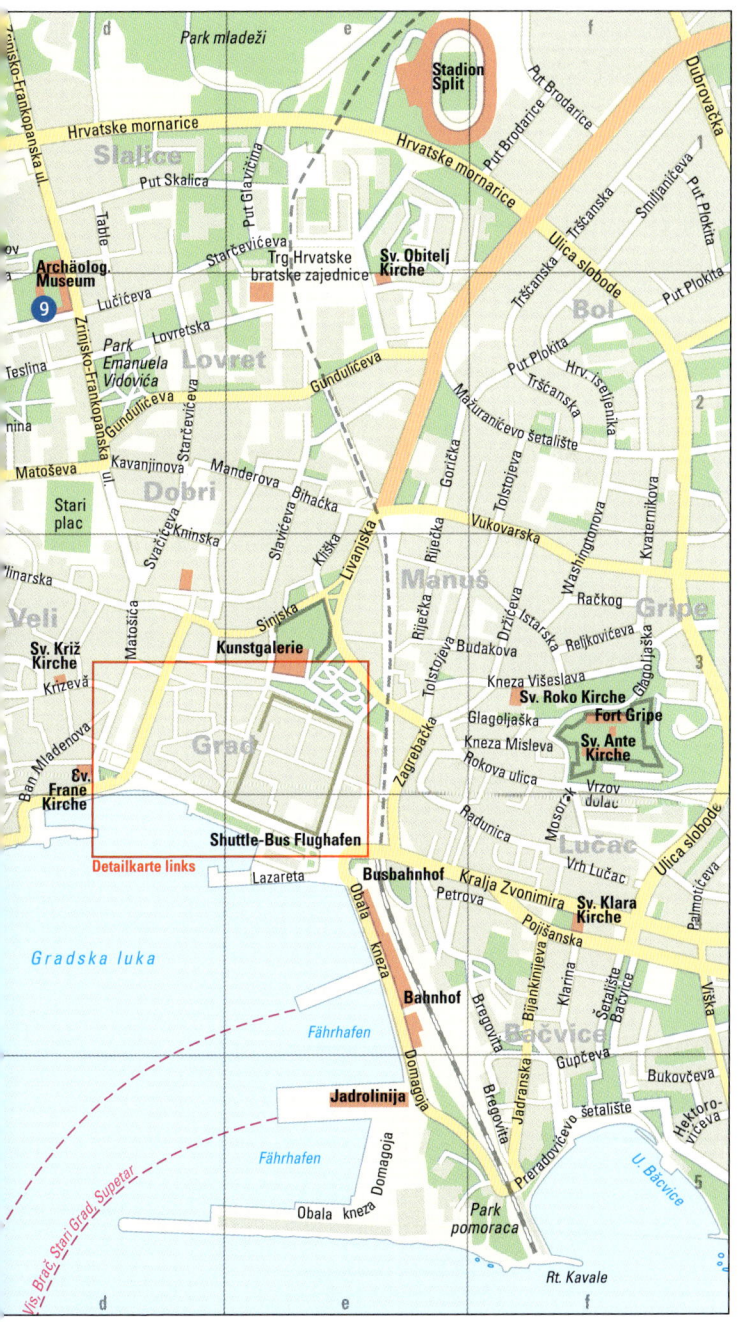

Sehenswert

1 Gewölbekeller
| Gewölberäume |

Die meisten Besucher gelangen durch das Bronzetor von der Riva in den Palast: Dabei durchqueren sie die früheren Lagerräume, heute ein stimmungsvoller, weitläufiger Gewölbekeller (Dioklecijanovi podrumi), in dem Schmuck und Kunsthandwerk verkauft werden. Für einen weiteren, säulengetragenen Kellerabschnitt mit Sarkophag wird Eintritt fällig.

■ Gewölbekeller: Juni–Sept. 8.30–22 Uhr, übrige Zeit verkürzt, 42 HRK

2 Peristyl und Vestibül
| Säulenhof |

Steigt man aus dem Kellergewölbe hinauf, steht man mitten im Peristyl: So wird der weite Platz mit seinen sechs Granitsäulen genannt, der einst repräsentativen Zwecken diente. Studenten verdienen sich hier als Römer und Gladiatoren verkleidet ein paar Kuna für ein Selfie mit Touristen hinzu. Abends gibt's Livemusik.

Am Südende des Peristyls, direkt über dem Kellergewölbe, führen Stufen über einen kleinen Vorhof ins Vestibül hinauf. Von hier aus gelangte man direkt in die ehemaligen Privatgemächer des Kaisers.

ADAC Wussten Sie schon?

Wer den blank polierten Zeh der 8 m hohen **Statue des altkroatischen Bischofs Gregor von Nin** (Grgur Ninski) am nördlichen Zugang zum Diokletianpalast reibt, darf auf Glück hoffen. Die Skulptur formte Ivan Meštrović 1929.

ADAC Spartipp

Die **»Marenda«** hat bei Arbeitern, vor allem in der Hafen- und Industriestadt Split, eine lange Tradition: Gemeint ist ein preiswertes Tagesgericht – oft frittierte kleine Sardinen, Kutteln oder Bohnensuppe – das nur am Vormittag (10–12 Uhr) in einem einfachen Lokal serviert wird. Dazu passt eine »Bevanda«, Wein mit Wasser verdünnt. Das Kult-Marenda-Lokal ist das Buffet Fife (Trumbićeva obala 11, Tel. 021/34 52 33), 5 Min. westl. der Altstadt die Riva entlang.

3 Ethnografisches Museum
| Museum |

Nebenan präsentiert das Etnografski muzej im ehemaligen Klarissenkloster (Sveti Nikola) Trachten, Möbel und Spielzeug. Eine Treppe führt zu einer Aussichtsterrasse über dem Vestibül.

■ www.etnografski-muzej-split.hr, Juni–Aug. Mo–Fr 9.30–19, Sa 10–17 Uhr, übrige Zeit verkürzt, 20 HRK

4 Decumanus und Cardo
| Straßen |

Die typisch römische Ost-West-Straßenachse Decumanus (heute: Ul. kralja Petra Krešimira IV) trennte die kaiserlichen Privatgemächer von den öffentlichen Bereichen im nördlichen Palastabschnitt. Quer dazu verlief die heute schlechter erhaltene Nord-Süd-Achse Cardo, die in das Peristyl führte.

5 Kathedrale Sveti Duje
| Kirche |

An der Ostseite des Peristyls wurde Diokletian nach seinem Tod um 313 in einem Mausoleum beigesetzt. Im 5. Jh.

n. Chr. wurde darüber eine Kathedrale errichtet: Sie ist dem hl. Domnius (Sveti Duje) geweiht, der in Solin (S. 68) bestattet wurde, nachdem er Opfer der Christenverfolgung unter Diokletian geworden war. Werfen Sie auch einen Blick auf das hübsche, holzgeschnitzte Eingangsportal der Kathedrale, gestaltet von Andrija Buvina (1214). Direkt davor wacht noch eine einsame Sphinx über die Besucherströme. Wer den romanisch-gotischen Glockenturm (57 m, 12.–16. Jh.) hinaufsteigt, wird mit einem traumhaften Panoramablick belohnt.

■ Sommer Mo–Sa 8–20, So 12–18, Winter Mo–Sa 9–17, So 12–18 Uhr, Kombiticket für Kathedrale, Krypta, Turm und Baptisterium (Jupitertempel) 80 HRK; nur Kathedrale 30 HRK, Krypta 20 HRK, Glockenturm 40 HRK

❻ Jupitertempel
| Taufkapelle |

Die schmale Gasse gegenüber der Kathedrale führt, leicht versteckt, zum ehemaligen Jupitertempel (Jupiterov hram), später Taufkapelle der Kathedrale. Die Sphinx, die vor dem Eingang wacht, ist kopflos.

■ Ul. Kraj Svetog Ivana 2, Mo–Sa 8–20, So 12–18 Uhr, im Winter kürzer, 20 HRK

Außerhalb des Diokletianpalastes

Spaziergang zu den Sehenswürdigkeiten außerhalb des Palastbereiches

Museen, Galerien und hübsche Plätze befinden sich auch in den angrenzenden Gassen und Straßenzügen.

Sehenswert

❼ Narodni trg
| Platz |

Der »Volksplatz« westlich des Diokletianpalastes ist ebenfalls ein guter Ort, um den Trubel der Altstadt bei einem Espresso auf sich wirken zu lassen: Cafés und Restaurants reihen sich nebeneinander, und gegenüber erhebt

Im 7. Jh. wurde aus dem römischen Jupitertempel eine Taufkapelle

Split

Plan S. 72/73

sich das frühere Rathaus mit säulengetragener Vorhalle im neogotischen Stil (15. Jh., 1890 erneuert). Hier trifft sich regelmäßig die örtliche Kunst-Boheme bei Vernissagen.

8 Galerija Ivana Meštrovića und Kaštilac
| Museen |

Die imposante Villa, die sein Lebenswerk hütet, entwarf der Meister selbst: Ivan Meštrović, führender kroatischer Architekt und Bildhauer des 20. Jh., beherrschte ein beachtliches Spektrum an Kunstrichtungen. Nur wenige Minuten Fußweg, in derselben Straße, befindet sich das hübsche Anwesen Kaštilac, das Mestrović 1939 in eine Kapelle mit 28 Holzreliefs umformte. Meštrović entwarf übrigens auch die Statue des Bischofs von Nin (S. 74).

■ Šetalište Ivana Meštrovića 46 bzw. 39, www.mestrovic.hr, Di–So 9–19 Uhr, 50 HRK, erm. 25 HRK

9 Archäologisches Museum
| Museum |

Das Arheološki muzej lohnt einen Abstecher: Bereits 1820 gegründet, hütet es Fundstücke aus der Ruinenstadt Salona, darunter Sarkophage, Stelen, Schmuck und Skulpturen.

■ Zrinsko-Frankopanska ulica 25, www.armus.hr, Mo–Sa 9–14, 16–20 Uhr (im Winter nur vormittags), 40 HRK, erm. 20 HRK

Parken

Zentraler 24-Std.-Parkplatz am **Hauptbahnhof** (Željeznički kolodvor, Obala kneza Domagoja 12; 1. Std./10 HRK,

Hier ist Tag und Nacht was los: im Café Lvxor am Peristyl

jede weitere Std. 15 HRK, Tagesticket 170 HRK), Plan S. 72/73, e4.

 Restaurants

€ | Buffet Zlatna ribica Schlichtes Restaurant neben dem Fischmarkt. Die nette Betreiberfamilie serviert köstliche frittierte Fischchen mit Brot und Salat zu überaus fairen Preisen. ■ Kraj Svete Marije 8, Tel. 021/348710, tgl. 6–23 Uhr, nur Barzahlung, Plan S. 72/73, d3

€€ | Kod Jože Traditions-Konoba mit rustikalen Holztischen und soliden dalmatinischen Gerichten. ■ Sredmanuška 4, Tel. 021/347397, tgl. 10–24 Uhr, Plan S. 72/73, e3

€€€ | Adriatic Man muss definitiv keine Jacht besitzen, um sich moderne mediterrane Küche mit traumhaftem Marina-Blick zu gönnen. ■ Uvala Baluni bb, Tel. 021/398560, www.restaurantadriatic.com, tgl. 9–23 Uhr, Plan S. 72/73, c5

 Cafés

Café Lvxor Bequeme Kissen auf den Stufen des Peristyls, ideal für eine »kava«, ein Sandwich zum Frühstück oder Livemusik am Abend. ■ Kraj svetog Ivana 11, www.lvxor.hr, 8–24 Uhr, Plan S. 72/73, e3

 Einkaufen

Innerhalb des Diokletianpalastes und entlang der Palastmauern reihen sich **Boutiquen** mit italienischer Schuhmode, Olivenöl oder Likören.

Stari Pazar Auf dem Grünmarkt an der Ostseite des Diokletianpalastes türmen sich mal grüner Wildspargel, mal getrocknete Feigen, alles aus dem Umland, aber auch Flip-Flops und Asia-Ware, Plan S. 72/73, e4.

ADAC Mobil

Das Zentrum von Split lässt sich gut **zu Fuß** erkunden. Mit dem **Bus** in die Innenstadt zu fahren, kann im Sommer angenehmer sein, als einen Parkplatz zu suchen. Der **Flughafen-Shuttlebus** stoppt an der Riva, bis zum Busbahnhof (Obala kneza Domagoja, www.ak-split.hr), Bahnhof und Fährterminal sind es von hier nur wenige Minuten zu Fuß. Eine umweltfreundliche Stadtbesichtigung bieten **Fahrrad-Rikschas** (Online-Reservierung: www.riksa.net). Und der rote **Doppeldecker-Touristenbus** stoppt an den wichtigsten Sehenswürdigkeiten (Online-Tickets: www.visitsplitcroatia.com).

Peškarija Auf dem Fischmarkt an der zentralen Marmontova-Fußgängerstraße wird fangfrische Ware lautstark angepriesen. ■ Marmontova ul., tgl. ab 7 Uhr (nur vormittags), Plan S. 72/73, d3

 Kneipen, Bars und Clubs

Central the Club Das Ex-Kino ist nun ein angesagter Musikclub auf zwei Etagen. ■ Trg Gaje Bulata bb, www.centralclub.hr, 0.30–6 Uhr, Plan S. 72/73, d3

 Events

Splitsko ljeto Traditionelles Sommerfestival mit vielen Open-Air-Konzerten. ■ 14. Juli–14. Aug., www.splitsko-ljeto.hr

 Sport

Stand Up Paddeln SUP mit Blick auf die Altstadt von Split ist ziemlich ange-

Split

ADAC Mittendrin

> Die Splićani treffen sich am Stadtstrand Bačvice, östlich der Altstadt, auf eine Runde »Picigin«, einer Art regionalem Wasserball. Am lebhaften Strand, der mit der Blauen Flagge ausgezeichnet ist, wird alljährlich Anfang Juni die »Picigin«-Weltmeisterschaft ausgetragen!

sagt! Recht einfache, aber attraktive Tour (3 Std.). Tel. 098/40 81 23, http://given2flyadventures.com

 Wandern

Auf der grünen, hügeligen Halbinsel **Marjan** (178 m), westlich der Altstadt, joggen, radeln oder spazieren die Einheimischen gerne. Pinienhaine spenden Schatten. Ab dem noch recht ursprünglichen Stadtviertel Varoš führen 314 Stufen hinauf zum **Aussichtspunkt Vidilica** mit beliebtem Sundowner-Café. Ein wunderschöner Ausblick auf die Riva und den Diokletianpalast belohnt für den Aufstieg.

24 Insel Šolta

Beschauliche Insel mit schönen Buchten und Olivenhainen

 Information

■ TIC Šolta, Šoltanskih žrtava 14, 21430 Grohote, Tel. 021/65 46 57, www.visitsolta.com

Recht ruhig und grün präsentiert sich die buchtenreiche Insel Šolta (1600 Einw., 60 km²), westlich von Brač, die für ihr Olivenöl bekannt ist: Rund 100 000 Olivenbäume sollen hier wachsen. Gut an Split angebunden, strömen die Stadtbewohner am Wochenende auf die Insel. Den Hauptort Grohote (600 Einw.), nahe dem Fährhafen Rogač, prägen graue Natursteinhäuser. In Stomorska im Osten bevölkern Familien gerne den Strand Veli Dolac, mit Strandbar. Treffpunkt von Nautikern ist die Marina in der Bucht von Maslinica, vor der sich sieben winzige Inseln erstrecken: Sie gehört zum Luxushotel in einem alten Schlösschen oberhalb der Marina (S. 93).

 Verkehrsmittel

Autofähre Split–Rogač (1 Std.), auch Katamaran (35 Min.). **Bus** ab Fährhafen Rogač nach Maslinica und Stomorska.

25 Insel Brač

Blütenweißer Kalkstein, Strände und Olivenöl

Die drittgrößte Insel Kroatiens, Brač (14 500 Einw., 395 km²), ist ein beliebtes Urlaubsziel: Schöne Strände, tiefe Buchten, harmonische Landschaften und gute Windsurf-Spots sorgen für einen erholsamen Urlaub. Auf den zweiten Blick gibt es noch mehr zu entdecken: vergessene Hirtensiedlungen, ein Museum, eine Höhle und ein Einsiedlerkloster. Außerdem hat Brač einen eigenen Flughafen, der (noch) wenig ausgelastet ist.

Bekanntester Urlaubsort ist Bol an der Südküste, mit seinem Traumstrand Zlatni rat. Der zweite große Ferienort heißt Supetar (4000 Einw.), im Nordwesten der Insel: Palmenbestandene Promenade, Restaurants, abends einige Bars, der beliebte Strand Tri mosta mit Surfschule, der flache Familienstrand Banj mit Wasserrutsche fast nebenan – hier gibt es alles, was man für einen schönen Urlaub braucht. Auch der Fährort Sumartin, ganz im Osten, in dem Reisende aus Makarska ankommen, lockt mit hübscher Promenade, gemütlichen Restaurants und schönem Kiesstrand-Abschnitt.

Von der frühen Besiedelung der Insel zeugen die Ruinen frühchristlicher Kirchen und antiker Villae rusticae, die sich über die ganze Insel verteilen. Außer für Olivenöl und Wein ist Brač seit der Antike für seinen weißen Kalkstein berühmt. Dieser wird oft »Marmor« genannt und bis heute verschifft: Er findet sich in vielen Bauwerken, etwa im Diokletianpalast in Split, aber auch im Reichstag in Berlin. In Pučišća im Nordosten lernen junge Steinmetze das traditionelle Inselhandwerk.

 Sehenswert

Zlatni rat
| Strand |

 Traumstrand am Pinienhain, im Sommer ein Touristenmagnet

Das »Goldene Horn« ist Kroatiens berühmter Postkartenstrand, 2 km westlich der Ortschaft Bol, an der Südküste der Insel: Die aus Sand und Feinkiesel geformte Landzunge ragt über 600 m in die Adria hinein. Ihre schmale Spitze legt sich mal nach rechts, mal nach links – sie passt sich Wind, Wetter und Gezeiten an.

■ 20 Min. Fußweg entlang der Promenade

Dominikanerkloster, Bol
| Kloster |

Das örtliche Dominikanerkloster (Dominikanski samostan, 15. Jh.) östlich des Ortskerns von Bol hütet einen

Das Städtchen Supetar ist Hafenort und kulturelles Zentrum zugleich

echten Tintoretto (1563), auf dem die Gottesmutter mit Kind abgebildet ist.
■ Ul. Anđelka Rabadana 4, Juni–Okt. Di–So 10–12, 17–19 Uhr, 30 HRK

Vidova gora
| Aussichtspunkt |
Für viele ist es das schönste Fleckchen auf Brač: Vom Gipfel des 778 m hohen Bergs Vidova gora – dem höchsten Inselgipfel in ganz Kroatien – fällt ein hübscher Blick auf das »Goldene Horn« zu seinen Füßen. Der gut markierte Weg hinauf (2 Std.) beginnt bei der Kirche in Bol. Ausreichend Wasser mitnehmen! Weniger schweißtreibend geht es mit dem Auto über das malerische Dörfchen Nerežišća hinauf.

Einsiedelei Blaca
| Klostermuseum |
Unter einer Felswand duckt sich das Einsiedlerkloster Pustinja Blaca in einer grünen Schlucht, 3 km von der Südküste entfernt. Gegründet wurde es 1588 von Mönchen, die auf der Flucht vor den Osmanen waren und hier die Glagoliza-Schrift pflegten, das im 9. Jh. entwickelte erste slawische Alphabet. Heute fungiert das Kloster als Museum mit Flügel, Teleskop und Sternwarte, das im Rahmen einer Führung besichtigt werden kann.
Ausflugsboote verkehren ab Bol bis zur Schiffsanlegestelle Blatačka uvala, von dort sind es 45 Minuten Fußweg; Auto: Straße Supetar–Bol, Richtung Vidova gora/Dragovoda, ab dem Parkplatz sind es 30 Minuten Fußweg.
■ Mitte Juni–Mitte Sept. Di–So 9–17, Mitte Sept.–Mitte Juni 9–15 Uhr, 40 HRK

Drachenhöhle, Murvica
| Höhle |
Eine der beiden Höhlen auf Brač, die Zmajeva špilja, begrüßt Besucher mit einem steinernen Drachenrelief an der Außenwand oberhalb des Dörfchens Murvica an der Südküste. Für die Wanderung unbedingt feste Schuhe anziehen und etwa 4 Std. Zeit einplanen. Der Wanderführer Zoran Kojdić spricht gut Deutsch, Anmeldung über Webseite oder Telefon (mind. 5 Pers.).
■ Tel. 091/51 49 787, 50 HRK, www.dragoncavebrac.com, 80 HRK pro Pers.

Mausoleum, Supetar
| Grabkapelle |
Bei der Gestaltung des Mausoleums der örtlichen Reederfamilie Petrinović experimentierte der in Split geborene

ADAC Mobil

Wenn Sie **mit dem Auto auf eine Insel** übersetzen möchten, sollten Sie in der Hauptsaison Geduld mitbringen. Auch wenn Sie vorab im Internet ein Ticket gekauft haben, ist das noch längst keine Reservierung für Ihr Fahrzeug. Diese gibt es bislang nur auf sehr wenigen Strecken (z. B. Zadar–Brbinj/Dugi otok). Im Fährhafen können Sie sich direkt vor der Abfahrt ein Ticket kaufen. Der Preis richtet sich nach der Fahrzeuggröße und der Anzahl der Insassen. In der Autokolonne hinten anstellen, gilt übrigens auch mit Online-Ticket! Wer nicht mitkommt, muss in der Warteschlange auf die nächste Fähre warten. Fußgänger kommen auf Autofähren (trajekt) eigentlich immer mit, auf Personenschnellbooten (katamaran) sollte man sich im Hochsommer rechtzeitig um einen Platz kümmern.

Bildhauer Toma Rosandić 1914 mit mehreren Stilrichtungen: Ein leichter Orient-Stil lässt sich am ehesten erkennen. Vom umliegenden Friedhof öffnet sich ein schöner Blick.

▪ Punta ul. 13 (Kap Nikola, nordwestl. des Zentrums)

Museum der Insel Brač, Škrip
| Museum |

Das Muzej otoka Brača versteckt sich im reizvollen Inseldorf Škrip, 8 km südöstlich von Supetar, auf einem Plateau im Landesinneren. Im Radojković-Turm untergebracht, hütet es interessante archäologische Funde wie ein Herkules-Relief und zeigt, dass die Insel schon von den Illyrern bewohnt war.

▪ Sommer tgl. 9–20 Uhr, 20 HRK

Verkehrsmittel

Autofähre Split–Supetar (50 Min.) oder Makarska–Sumartin (1 Std.). Ohne Auto: **Katamaran** Split–Bol (55 Min.).

Restaurants

€€ | **Konoba Mlin** Die alte Ölmühle mit schattiger Romantik-Terrasse am Meer serviert gute Fischplatten und Grillgerichte, östlich des Hafens von Bol.
▪ Ul. dr. Ante Starčevića 11, Bol, Tel. 021/63 56 26, Sommer tgl. 17–1 Uhr

Einkaufen

An den Ständen im »Marmor«-Dörfchen **Pučišća** werden Schalen und Figuren aus Bračer Kalkstein angeboten.

Sport

Bol gilt aufgrund der idealen Thermik als einer der besten **Surf- und Kite-surfspots** in Kroatien. ▪ Verleih/Kurse, z. B. www.bigbluesport.com

Ein **Tennis**-Mekka ist das Hotel Borak (Bluesun-Ferienanlage) mit 26 Plätzen. In Bol, Supetar und Sumartin Freizeit- und **Wassersport**-Möglichkeiten.

Am Strand Borak beim gleichnamigen Hotel in Bol kann man **Mountainbikes** und **Kajaks** leihen oder Tennis spielen (Bluesun Holiday Village Bonaca, 26 Plätze). Bol gilt auch als idealer **Windsurf**-Spot.

26 Insel Hvar

Touristenmagnet mit schicker Jachtenpromenade und Lavendelfeldern

Information

▪ TZ, Trg svetog Stjepana 42, 21450 Hvar (Stadt), Tel. 021/74 10 59, www.tzhvar.hr

Hvar (11 200 Einw., 297 km²) gilt als eine der schönsten Inseln in der kroatischen Adria: Die Inselstraße D116 zieht sich durch wunderbare Naturlandschaften mit Macchia, Trockenmauern und im Frühsommer an lilafarbenen Lavendelfeldern vorbei. Gelegentlich zweigt eine Straße zu einer Badebucht ab, viele sind jedoch nur mit dem Boot erreichbar. Dazu gehören auch die vorgelagerten Pakleni otoci – ein Badeparadies. Das bekannteste Touristenzent-

ADAC Wussten Sie schon?

Die **Weltmeisterschaft im Olivenernten** findet alljährlich im Okt. auf Brač statt: Den Rekord hält das kroatische Team mit 67 kg gepflückten Oliven in vier Tagen.
TZ Postira, www.postira.hr

rum ist die Inselhauptstadt Hvar mit mondäner Jachtenpromenade. Das antike Stari Grad und das beschauliche Jelsa lohnen einen Abstecher. Hvar gehört zu den sonnigsten Fleckchen in Europa: Mehr als 2700 Stunden pro Jahr scheint hier die Sonne!

Sehenswert

Hvar (Stadt)

| Stadtbild |

Ein bildschöner Hafen – Top-Ziel der Reichen und Schönen

Blitzblank polierte Jachten reihen sich entlang der palmenumrankten Uferpromenade (»Riva«) im Hafen. Diese mündet in den alten Bootshafen »mandrač«, über dem das Arsenal wacht: früher eine Werft für die typischen »Galija«-Holzboote, heute Sitz der Touristeninformation und des ersten öffentlichen Volkstheaters Europas (1612). Gegenüber fällt die Stadtloggia (17. Jh.) mit gedrungenem Uhrturm auf, die heute ein Luxushotel mit Café beherbergt. Davor erstreckt sich der weitläufige Hauptplatz (Pjaca), der eine aufgeschüttete Bucht ist: Cafés, Restaurants und die Renaissance-Kirche des hl. Stephanus (Sveti Stjepan) mit Schatzkammer prägen den Platz. Gepflasterte Stein- und Treppengassen ziehen sich im Viertel Groda den Hang hinauf, an venezianischen Palästen (13.–15. Jh.), Geschäften und Restaurants vorbei.

Benediktinerinnenkloster, Hvar (Stadt)

| Museum |

Die Benediktinerinnen hüten in ihrem Klostermuseum einen wahren Schatz: feine Spitzen, die sie aus Agavenfäden herstellen! Gemeinsam mit der Spitzenkunst auf Pag (S. 24) und Lepoglava (Nordkroatien) gehören sie zum immateriellen UNESCO-Welterbe.

■ Kroz Grodu bb (Türschild: Muzej Hanibala Lučića), Sommer Mo–Sa 10–12, 17–19 Uhr, 10 HRK

Festung Španjola (Fortica), Hvar (Stadt)

| Festung |

Ein steiler Spazierweg führt in 15 Min. zur Festung Fortica hinauf, hoch über der Altstadt: Sie wird meist nur »Španjola« genannt, da unter venezianischer Herrschaft im 16. Jh. auch spanische Baumeister an der Errichtung beteiligt waren. Innen gibt es antike Amphoren zu bestaunen. Beim Sundowner auf der Café-Terrasse des Burghofs fällt der Blick auf die Pakleni otoci.

■ 50 HRK, erm. 25 HRK, unter 7 Jahre frei

Festung Napoleon

| Aussichtspunkt |

Einen atemberaubenden Ausblick auf die Inseln hat man von hier aus: Napo-

ADAC Mittendrin

Die **Kreuzprozession »Za križen«** (etwa »dem Kreuz folgend«) wird seit über 500 Jahren am Gründonnerstag auf der Insel Hvar begangen: Die Kreuzträger starten zeitgleich um 22 Uhr in sechs Orten (Jelsa, Pitva, Vrisnik, Svirče, Vrbanja und Vrboska) und pilgern im Uhrzeigersinn von einem Dorf zum nächsten. Frühmorgens, nach 25 km Wegstrecke, treffen die Kreuzträger in ihren Ausgangskirchen wieder ein und werden bewirtet. Die Prozession gehört zum immateriellen Weltkulturerbe.

Insel Hvar

Seit Mitte des 19. Jh. zieht es Besucher nach Hvar-Stadt, auch dank dem milden Klima

leon baute die nach ihm benannte Festung im Jahr 1811. Romantisch: Picknickdecke mitnehmen und Aussicht genießen, die Festung selbst ist für Besucher gesperrt!

■ Auf der Inselstraße D116 (Umgehung Hvar-Altstadt) ungefähr auf Höhe der Dolac Nr. 12 abbiegen, stellenweise enge Schotterstraße; zu Fuß ca. 1 Std.

Stari Grad
| Stadt |

Das mediterrane Städtchen Stari Grad (»Alte Stadt«, 1800 Einw.) macht seinem Namen alle Ehre: Hier gründeten die Griechen 384 v. Chr. die Siedlung »Pharos«, die als älteste in ganz Kroatien gilt. Eine kurvenreiche, aber gut ausgebaute Straße führt in die lange Bucht hinein. Enge Gassen mit Natursteinhäusern, kleine Plätze und einige Restaurants prägen das eher ruhige Städtchen. Architektonisches Highlight ist die befestigte Sommerresidenz Tvrdalj (16. Jh.) des 1487 hier geborenen Renaissance-Dichters Petar Hektorović (1487–1572): Ein Innenhof mit Arkaden und ein Fischweiher, den ein Kanal mit dem Meer verbindet, sind hübsch anzusehen. Die Kirche des Dominikanerklosters hütet einen echten Tintoretto.

■ Mai–Okt. tgl. 10–13, 17.30–20.30 Uhr, 20 HRK

Starogradsko polje
| Antike Parzellierung |

Mit dem Mountainbike meistert man die holprigen Wege am besten, die durch die 6 km lange Ebene von Stari Grad führen: 73 landwirtschaftlich genutzte Rechtecke, durch die längs und quer Trockensteinmauern verlaufen. So sieht die Katasteraufteilung aus, die noch von den griechischen Siedlern im 4. Jh. v. Chr. angelegt wurde. Seit 2008 gehört sie zum UNESCO-Welterbe. Karten bei der TZ Stari Grad erhältlich.

Im Blickpunkt

Lavendelblüte – Sinfonie in Lila

Jedes Jahr im Frühsommer bezaubert Hvar mit lilafarbenen Landschaften: Seit fast 100 Jahren wird rund um die Dörfchen Velo Grablje und Brusje Lavendel in großem Stil angebaut. Mitte des 20. Jh. trug Hvar ein Zehntel zur Weltproduktion der betörend duftenden Pflanze bei. Zu sozialistischen Zeiten wurden staatliche Stellen lukrativer, auch bot der Tourismus ein besseres Auskommen. In den vergangenen 20 Jahren ließen zwei Großbrände die Lavendelfelder weiter schrumpfen. Dennoch bleibt Hvar die »Lavendelinsel« Kroatiens. Die Pflanze wuchs übrigens nicht immer hier: Als die Weinreben, die auf Hvar seit der Antike bestellt werden, von einer Krankheit heimgesucht wurden, wanderten viele Inselbewohner ab. Einer von ihnen blieb und setzte in den 1920er-Jahren auf Lavendel, er probierte die Aufzucht aus, verkaufte seine Ernte erfolgreich – die übrigen Dorfbewohner taten es ihm gleich. So entwickelte sich die Lavendelkultur rund um Velo Grablje. Wer die Blüte Mitte Juni bis Mitte Juli nicht selbst erlebt, kann sich mit einem Lavendelsouvenir trösten.

 Verkehrsmittel

Ab Split: **Katamaran** (1 Std.) nach Hvar (Stadt) oder Jelsa (1,5 Std.); **Autofähre** bis Stari Grad (2 Std.).

 Restaurants

€€–€€€ | **Panorama** Rustikale Terrasse oberhalb von Hvar (3 km) mit sehr guter dalmatinischer Küche und fantastischem Sonnenuntergang. Peka vorbestellen! ■ Ulica Smokovnik 1, Hvar (Stadt), tgl. 12–14, 18–24 Uhr

€€€ | **Konoba Humac** Das vergessene Hirtendorf Humac mit seinen hübschen Natursteinhäusern lohnt einen Ausflug. Schon allein wegen der köstlichen Peka-Gerichte, die die Konoba Humac serviert – ganz ohne Strom. An urigen Holz- und Steintischen sitzt man wie in einer anderen Zeit. ■ 10 km östlich von Jelsa auf der D116 in Richtung Poljica, Abzweigung, Tel. 091/5239463, im Sommer tgl. 12–24 Uhr

€€€ | **Konoba Maestro** Der rustikale Fisch-Gemüsetopf »Hvarska gregada«, den es nur auf der Insel gibt, ist ein Gedicht. ■ Ul. Jurja Novaka 12, Hvar (Stadt), Tel. 097/7013798, tgl. 18–24 Uhr

 Einkaufen

Lavendelprodukte sind ein typisches Mitbringsel, ob als Essenz, Seife oder im Säckchen. An vielen Ständen in den Touristenzentren wird man fündig.

 Konzerte

An lauen Augustabenden wird der **Kreuzgang des Franziskanerklosters**, östlich von Hvar (Stadt), zu einer stimmungsvollen Kulisse für eindrucksvolle Klassik-Konzerte.

 Kneipen, Bars und Clubs

Carpe diem Die Kult-Cocktailbar an der Jachtenpromenade von Hvar

Insel Vis

(Stadt) gehört seit Jahren zu den Top-Spots auf der Insel: Tagsüber Lounge-Bar, abends Partytreff. ■ Tgl. 9–2 Uhr

In der Umgebung

⑬ **Pakleni otoci** Auf den rund 20 winzigen, versprenkelten Badeinseln, Pakleni otoci, findet jeder seine stille Bucht. Die Insel **Sveti Klement** mit der Bucht Palmižana (60 HRK Taxiboot) ist im Sommer gut besucht, wer 20 Min. durch den Wald läuft (ausgeschildert), kommt zu einer einsamen Bucht. **Jerolim** ist ein beliebtes FKK-Inselchen. Die Insel **Marinkovac** ist in Hand der auch tagsüber beliebten Beach Bar Carpe diem.
Taxi- und Ausflugsboote setzen zu den größeren Inseln über, die kleineren sind mit dem Boot individuell erreichbar. Ausflugsboote stoppen bei Rundfahrten an mehreren Badeplätzen (ab 250 HRK, inkl. Mittagessen an Bord).

ADAC Spartipp

Ein Schnäppchen sind Hotelübernachtungen im Hochsommer nirgendwo: Vor allem in der ersten Augusthälfte wird die Preisspirale kräftig nach oben geschraubt. Dabei gilt die simple Regel: Je näher am Meer, desto teurer. Eine **Pauschalreise** kann günstiger als die Direktbuchung sein. Sparen kann, wer ein **Apartment**, eine **Ferienwohnung** oder ein **Privatzimmer** bucht. In der **Nebensaison** kann man bisweilen sogar in Luxushotels »günstig« übernachten. Hvar (Stadt) und Dubrovnik sind allerdings generell hochpreisig.

27 Insel Vis

Einstiges Hauptquartier der Partisanenbewegung unter Tito

Information

■ TZ Vis, Šetalište Stare Isse 5, 21480 Vis (Ort), Tel. 021/71 70 17, www.tz-vis.hr

Die hügelige, fruchtbare Insel Vis (3600 Einw.) erstreckt sich weit draußen in der Adria. Als sich die Griechen im 4. Jh. v. Chr. hier niederließen, nannten sie die Insel Issa. Aufgrund der strategisch günstigen Lage war Vis zu jugoslawischen Zeiten militärisches Sperrgebiet, erst spät – Mitte der 1990er-Jahre – hielt der Tourismus hier Einzug. Bis heute überwiegen Individualreisende, die sich mit Leihwagen, Vespa oder Fahrrad auf Entdeckungstour begeben. Die beiden Hauptorte, Vis und Komiža, verbindet eine Inselstraße in 30 Minuten. In Vis (Stadt) schmiegen sich bunte Fassaden und Steinhäuser ans Ufer der breiten Bucht, ein Franziskanerkloster gilt als Wahrzeichen. Die Nachbarinseln Biševo und Ravnik werden im Sommer von vielen Ausflugsschiffen angelaufen.

Sehenswert

Gospina batarija, Vis (Stadt)
| Museum |
Die alte K.-u.-k.-Festung (1830) oberhalb der Uferpromenade, unter italienischer Herrschaft Batteria della Madonna genannt, beherbergt eine sehenswerte archäologische Sammlung antiker Amphoren sowie die Bronzestatue der Artemis (4. Jh. v. Chr.).
■ Šetalište Viški boj 12, Juni–Sept. Mo–Fr 9–13, 17–21, Sa 9–13 Uhr, 20 HRK

Im Sommer immer gut besucht: die bizarre Badebucht Stiniva auf der Insel Vis

Festung St. George, Vis (Stadt)
| Festung |

Die nach dem britischen König George III. benannte Festung, auch Fortica genannt, thront seit 1813 westlich über der Bucht von Vis: Unlängst hübsch restauriert, trifft man sich hier auf einen Sundowner oder zum Abendessen. Ein kleines Museum erzählt die Militärgeschichte der Insel.

■ 2,5 km nordwestl. von Vis, Shuttle n.V., Tel. 091/265 60 41, www.fortgeorge croatia.com, Sommer 10–23, Aussicht bis 2 Uhr

Tito-Höhle
| Höhle |

Die Partisanenbewegung unter Josip Broz, genannt Tito, verlegte ihr Hauptquartier 1944 einige Monate in eine Höhle auf die Insel: Von dort steuerte der spätere jugoslawische Staatspräsident das politische Geschehen, mithilfe von Großbritannien und den USA. Die Titova špilja ist ausgeschildert und südöstlich von Komiža frei zugänglich, 275 Stufen führen hinauf.

■ Abzweigung bei Podšpilje (beschildert)

Plaža Stiniva
| Strand |

Die felsige, von dramatischen Klippen eingerahmte Badebucht mit sehr klarem Wasser könnte so wunderbar romantisch sein – wenn hier im Sommer nicht die vielen Ausflugsschiffe einen Badestopp auf dem Weg zur Blauen Grotte einlegen würden. Wer nicht mit dem Boot anreist, muss 20 Min. hinabsteigen (festes Schuhwerk!). Schattig wird es erst am späten Nachmittag.

Komiža
| Dorf |

Das Fischerdorf im Westen der Insel gruppiert sich um einen beschaulichen

Hafen mit Cafés. Früher bot die Sardinenfabrik ein Auskommen, heute leben die Bewohner vom Tourismus. Um Komiža wurde der Film »Mamma Mia 2« gedreht. Entlang der Riva hütet das Kastell mit Turm ein kleines Fischereimuseum (Ribarski muzej).

■ Ribarski muzej, Sommer tgl. 10–12, 19–22 Uhr, 20 HRK

Events

Gajeta und Falkuša heißen die traditionellen Holzboote auf Vis: Ende Juni kann man sie in Komiža bei einer **Regatta** anfeuern.

In der Umgebung

Blaue Grotte, Insel Biševo
| Felsgrotte |

(14) *Zauberhafte Lichtspiele in Dalmatiens Blauer Grotte*

Was für ein schönes Naturphänomen auf der Nachbarinsel Biševo: Die Sonne blinzelt durch einen Felsspalt und taucht die mit Wasser gefüllte Modra špilja in ein fantastisches blaues Licht. Das Schauspiel findet nur am späten Vormittag statt! Ausflugsfahrten werden von vielen Ferienorten, auch auf dem Festland, angeboten. Die kürzeste (und günstigste) Tour startet im 9 km entfernten Komiža.

■ Blue Cave Agency, Komiža, www.visbluecave.com

Grüne Grotte, Insel Ravnik
| Felsgrotte |
Die Zelena špilja auf der Nachbarinsel Ravnik ist vielleicht nicht ganz so spektakulär wie die Blaue Grotte, dafür ist es hier aber auch im Sommer nicht ganz so trubelig.

■ Buchung s. Blaue Grotte

28 Omiš

Piratenstädtchen für Action-Fans an spektakulärer Schlucht

Information

■ TZG, Fošal 1 a, 21210 Omiš, Tel. 021/ 86 13 50, www.visitomis.hr

Fast senkrecht steigen die Felswände in Omiš (14 800 Einw.) empor und trennen die Alt- von der Neustadt. Durch diesen spektakulären Canyon hindurch bahnt sich der Fluss Cetina seinen Weg in die Adria. Passiert man die Brücke entlang der Küsten-Magistrale, erkennt man Wagemutige, die sich auf einer 700 m langen Seilrutsche (Zip-Line) hoch über der Schlucht abseilen. Bei der Brücke warten Rafting-Boote, auch die Möglichkeit zum Freiklettern zieht Aktivurlauber nach Omiš.

Den Ortskern prägen enge Gassen, Restaurants und Souvenirgeschäfte, die sich unter einer Felswand ducken. Bewacht wird das Städtchen von zwei Festungen, die schon den Uskoken dienten: Die lokalen Piraten bedrohten vom Stützpunkt Omiš aus den venezianischen Seehandel. Die »Serenissima« musste sich ihren Seeweg freikaufen, ehe sie 1444 die Stadt eroberte und der Piraterie ein Ende setzte.

Sehenswert

Festung Mirabela (Peovica)
| Festung |
Der Weg hinauf in den Festungsturm führt die letzten Meter über schmale Stiegen. Schöner Panoramablick!

■ Aufstieg neben der Kirche Sv. Mihovil, 5. Mai–15. Sept. tgl. 9–22 Uhr, 20 HRK, Juli, Aug. 30 HRK

Omiš

Restaurants

 €€ | Radmanove mlinice Das überaus beliebte Ausflugslokal Radmanove mlinice (»Radman-Mühlen«) erstreckt sich rund um eine historische Mühle am Fluss Cetina, umgeben von sattgrüner Natur. Hier gibt es Peka-Gerichte, Aal, Forellen aus der eigenen Zucht und den traditionellen Mangold-Fladen Soparnik. Auch an diesem Ort wurden Winnetou-Szenen gedreht. Die meisten Rafting-Touren enden bei dem Mühlenrestaurant. ■ Franje Josipa 2, Cetina-Canyon, 6 km von Omiš, Tel. 021/86 20 73, Sommer tgl. 11–23 Uhr

Cafés

Eol Rooftop Bar Stylisches Dachterrassen-Café mit Blick auf die Flussmündung, abends Party-Treff. ■ Fošal 2, tgl. 8–24 Uhr

Events

Bei der **Piratenschlacht** von Omiš werden Schaukämpfe auf der Cetina aufwendig nachgestellt. ■ Mitte Aug., www.visitomis.hr

Das **Klapa-Festival** von Omiš berührt nicht nur die dalmatinische Seele. ■ Anfang Aug., http://fdk.hr

Sport

Gleich mehrere Anbieter in Omiš haben sich auf **Kajak- und Rafting-Touren** auf der Cetina spezialisiert (geeignet auch für Anfänger und Familien), man findet sie im Sommer an der Cetina-Brücke, z. B. Adventure Omiš, Cetinska cesta 30, Tel. 098/44 71 35, www.adventure-omis.com

In der Umgebung

Festung Starigrad (Fortica)
| Festung |
Die 500 Jahre alte Festungsruine Starigrad passt sich mit ihrem grauen Naturstein perfekt den schroffen Bergen oberhalb von Omiš an: Der Aufstieg ist ziemlich steil! Dafür ist, oben angekommen, der Ausblick auf die Inseln Hvar, Brač und Šolta atemberaubend. Zwei Wege führen hinauf: Der kürzere beginnt beim Tunnel vor der Cetina-Schlucht (45 Min., sehr steil, nach 11 Uhr kein Schatten). Ungeübte sollten den Pfad hinter der Pasta-Fabrik hinauf nehmen (Beschilderung: »Fortica«).
■ 15. Mai–15. Okt. 7–21 Uhr, 20 HRK, übrige Zeit Eintritt frei

29 Makarska

Der pulsierende Badeort wird von einer imposanten Gebirgskulisse gerahmt

Information

■ TZG, Obala kralja Tomislava 16, 21300 Makarska, Tel. 021/65 00 76, www.makarska-info.hr

Makarska (14 200 Einw.) ist der Hauptort der gleichnamigen Riviera, die sich nördlich und südlich des Städtchens an der Küste erstreckt. Hier siedelten bereits die Illyrer, heute bevölkern viele Kroaten aus der benachbarten Herzegowina die netten Cafés und Strände von Makarska. An der schönen Uferpromenade, die ein »Denkmal für den Touristen« säumt, lässt sich abends gut der Sonnenuntergang beobachten. In der Altstadt wird die zentrale Flaniergasse Široka ulica (»Kalelarga«) von Cafés und Restaurants gesäumt.

Sehenswert

Kačićev trg
| Platz |

Den historischen Stadtkern rund um den Trg F. A. Kačića säumen einige Restaurants, in denen man sich mit einem dalmatinischen Gericht stärken kann. Malerisch hebt sich der Glockenturm der Kirche Sv. Marko (18. Jh.) vor dem weißen Biokovo-Bergpanorama im Hintergrund ab.

Malakološki muzej
| Museum |

Im Franziskanerkloster (Sveta Marija) gibt es eine stattliche Sammlung an Muscheln und Schnecken zu bestaunen, was nicht nur Kinder begeistert.
■ Franjevački put 1, Tel. 099/885 21 65, Sommer Mo–Sa 10–12, 17–19, So 10–12 Uhr, 15 HRK, erm. 100 HRK

Stadtmuseum Makarska
| Museum |

Im barocken Tonoli-Palast (18. Jh.) informiert das Gradski muzej über die Geschichte der Region.
■ Obala kralja Tomislava, www.mdc.hr/makarska/index.htm, Juli, Aug. Mo–Fr 9–13, 17–21 Uhr, übrige Zeit verkürzt, 10 HRK

Zvjezdarnica
| Sternwarte |

Ein dunkler Baumgürtel umgibt den »Astropark« mit Planeten-Spielplatz. In der Mitte thront ein monumentales sozialistisches Denkmal, das seit Kurzem eine moderne Sternwarte beherbergt (Führung auf Engl.).
■ Glazbarska 1, www.makarska-zvjezdarnica.com, Juni–Aug. Di, Mi, Do 21–23.30, Sept. 21–23, übrige Zeit Do 20–22 Uhr, 30 HRK, erm. 15 HRK

Im Zentrum von Makarska zieht die Kirche Sv. Marko alle Blicke auf sich

Sveti Petar
| Halbinsel |

Gebadet wird auf der waldreichen Halbinsel Sveti Petar westlich der Altstadt: Ein größtenteils schattiger Rundweg (1 Std.) mit steilen Treppen führt am Leuchtturm vorbei, außerdem an der Statue und winzigen Kirche des hl. Petrus (Sveti Petar, 18. Jh.).

 Kneipen, Bars und Clubs

Makarska ist das Party-Mekka vieler Kroaten: In Lounge-Bars lässt es sich tagsüber und bis spät in die Nacht Cocktails schlürfen, etwa auf der Halbinsel Sveti Petar im **Makarana** oder in der **Beach Bar Sól**.

30 Makarska Riviera

Helle Kiesstrände mit Schatten spendenden Pinien vor Felshängen

 Information

■ TZO Baška Voda: Obala svetog Nikole 31, 21320 Baška Voda, Tel. 021/620713, www.baskavoda.hr
■ TZO Brela, Trg Alojzija Stepinca bb, 21322 Brela, Tel. 021/618455, www.brela.hr

Was für eine Landschaft! Die fast 60 km lange Riviera rund um das namensgebende Städtchen Makarska gehört zu den spektakulärsten Küstenabschnitten Kroatiens: Das bleiche Biokovo-Gebirge wirkt hier, als würde es unmittelbar aus dem Meer aufsteigen. Sattgrüne Pinien- und Kiefernwälder säumen die Kieselstrände, Felsbuchten und Flanierpromenaden. Weiter oben am Hang durchschneidet die Adria-Magistrale das Karstgebiet, und noch höher hinauf wird der Fels karger. Die Infrastruktur entlang der Makarska Riviera – von Brela im Norden bis Gradac im Süden – lässt kaum Wünsche offen, seit der Massentourismus in den 1960er-Jahren Einzug gehalten hat: Die Promenaden verbinden Restaurants, Souvenirstände und Hotelanlagen miteinander. Zu den lebhaftesten Örtchen gehören Brela (1700 Einw.) und Baška Voda (2800 Einw.), mit hübschen Promenaden und seichten Strandabschnitten, die vor allem Familien und ein jüngeres Publikum schätzen. Einziges Manko: Im Hochsommer wollen alle an diese schmalen Strände entlang der Makarska Riviera, dann wird es rappelvoll.

Die Makarska Riviera bietet viele traumhafte Badeplätze, einer davon liegt bei Brela

Makarska Riviera

 Sehenswert

Punta rata, Brela
| Strand |

 Bilderbuchstrand mit prominentem Felsen und klarem Wasser

Einer der beliebtesten Badeorte ist Brela mit 6 km Kieselstränden, Felsbuchten und einer Café- und Eisstand-Promenade. Highlight von Brela ist hier der Kieselstrand Punta rata, auch Dugi rat genannt, der zu den schönsten Stränden Dalmatiens zählt: Unmittelbar vor der Küste ragt ein winziger Fels aus dem Wasser, auf dem ein Baum wächst, der Kamen (Stein) Brela, der in keinem Urlaubsprospekt fehlen darf. Das Wasser glitzert hier perfekt türkisfarben, Pinien spenden Schatten.

Naturpark Biokovo
| Gebirge |

 Im Biokovo-Gebirge grasen bis heute Wildpferde

Schroff und anmutig erhebt sich das höchste Gebirge in Dalmatien, das Naturpark-Status hat: Es begleitet die Küste und fällt bis ins Meer hin ab, wo Kiefernwälder und Badeorte die Adria säumen. Mit ein wenig Glück begegnen Ihnen dort auch Wildpferde in freier Natur.

In Gornja Brela informiert das Besucherzentrum über die Region. Einen Blick lohnt zudem der Botanische Garten Kotišina, 3 km von Makarska, mit heimischen Pflanzen.

Ein neues Highlight ist der gläserne Skywalk Biokovo, den man nach 30 Min. Fahrt ab dem Parkeingang auf 1228 m Meereshöhe erreicht. Der Gipfel Sveti Jure (1762 m) ist der zweithöchste Berg Kroatiens: Ob man mit dem Auto hinauffährt (31 km, Makarska–Tučepi–Sveti Jure) oder wandert – beides erfordert Übung. Setzen Sie Ihren besten Fahrer ans Steuer, da die Straße die letzten 5 km vor dem Gipfel eng, einspurig und serpentinenartig verläuft. Im Sommer herrscht reger Gegenverkehr! Auf dem Gipfel kann die Temperatur durchaus 10–15 °C unter der an der Küste liegen.

■ Haupteingang bei KM 6 entlang der Regionalstraße Makarska–Vrgorac, www.pp-biokovo.hr, April, Mai 6–19, Juni–Sept. 6–20, Okt, Nov. 8–16 Uhr, 50 HRK, erm. 25 HRK, unter 7 Jahre frei

 Restaurants

€€ | **Konoba Ivandića Dvori** Uriges Naturstein-Anwesen unterhalb der Adria-Magistrale mit schmackhafter Pastićada, in Rotwein mariniertem Rinderbraten. ■ Banje 1, Brela, Hol- und Bringservice, Tel. 021/61 84 07, www.konoba-ivandicadvori.com, tgl. 17–1 Uhr

 Kinder

Kostenlose **Kinderanimation** am öffentlichen Strand von Brela (sofern die Corona-Lage es erlaubt): Spiele, Tanzkurse und Wasserpolo (www.brela.hr); am Strand Soline gibt es einen **Spielplatz**, im Meer einen schwimmenden **Aquapark** (gegen Gebühr).

 Sport

Entlang der Uferpromenade rund um Brela warten kostenlose **Open-Air-Fitnessgeräte** auf Aktive, z. B. beim Hotel Marina, an den Stränden Pordrače und Podcrkavlje. **Windsurfen, Tauchen, Parasailing** sind an der Küste beliebt, im Gebirge **Wandern, Trekking** und **Mountainbiking**. GPS-Radtouren: www.dalmatia-bike.com.

Mitteldalmatien

Übernachten

In den gut besuchten Städten Split und Trogir gibt es mehrere ansprechende Altstadt-Hotels. Wer mit dem Auto unterwegs ist, sollte vorher klären, wo und ob Parkplätze vorhanden sind. In der Hauptsaison sind die umliegenden Orte Kaštela, Stobrec oder Podstrana mit vielen Privatzimmern und hübschen Stränden die günstigere Alternative zu Split und Trogir. Hvar (Stadt) gehört zu den teuersten Reisezielen in Dalmatien. Große Ferienhotels finden sich vor allem auf Hvar und Brač sowie an den Stränden entlang der Makarska Riviera. Pauschalangebote sind in solchen Hotels oftmals günstiger als eine Direktbuchung. Für die Durchreise empfehlen sich günstigere Hotels im Hinterland, etwa in Sinj.

Trogir 64

€ | **Apartmani Trogir** 10 modern eingerichtete, saubere Zimmer und Apartments, mit kostenlosem Parkplatz, nur wenige Min. Fußweg in die Altstadt. Freundliche Vermieter, Frühstück gegen Aufpreis. ■ K.A. Stepinca 78 a, 21220 Trogir, Tel. 021/88 46 87

€€ | **Concordia** Stilvolles 300 Jahre altes Palais (11 Zimmer) mit Frühstücksterrasse direkt an der Riva. Unbedingt Blick aufs Meer buchen! ■ Obala bana Berislavića 22, 21220 Trogir, Tel. 021/88 54 00, http://concordia-hotel.net

Sinj 69

€ | **Alkar** Zentrumshotel mit 52 modernisierten Zimmern und Parkplatz. Durchreisende steigen hier gerne ab. ■ Vrlička ul. 50, 21230 Sinj, Tel. 021/82 44 74, www.hotel-alkar.hr

Split und Umgebung 70

€€ | **B&B Villa Vice** Liebevoll eingerichtete Zimmer, 15 Min. Fußweg ins Zentrum, Parkplatz, Frühstück im Garten. ■ Žrnovnička ul. 12, 21000 Split, Tel. 098/28 61 25

€€ | **Villa Diana** Gemütliches kleines Stadthotel (6 Zimmer) in einem alten Steinhaus, zentral, mit Parkplatz. ■ Ul. Kuzmanićeva 3, 21000 Split, Tel. 021/48 24 60, www.villadiana.hr

€€ | **Villa Pitomcia** Pension mit geräumigen Balkonzimmern, z.T. Meerblick, versetzt von der Adria-Magistrale, üppiges Frühstück auf Gartenterrasse. ■ Sv. Martin 158, 21312 Podstrana, Tel. 021/33 02 07, www.pitomcia.com

Insel Brač 78

€€ | **Kaštil** Über dem Hafen von Bol übernachtet man stilvoll in einem alten Kastell. Cocktailbar und Frühstücksterrasse mit Meerblick. ■ Ul. Frane Radića 1, 21420 Bol, Tel. 021/63 59 95, www.kastil.hr

€€€ | **Bluesun Hotels, Zlatni rat** Moderne, familienfreundliche Ferienanlage mit Restaurants, Animation, Tennis, oberhalb des »Goldenen Horns«. Drei Hotels: Borak, Bonaca und – ein wenig anspruchsvoller – das Elaphusta. ■ Put Zlatnog rata 42-48, 21420 Bol,

Übernachten

Tel. 01/384 42 88 (Buchung), www.bluesunhotels.com

Insel Hvar 81

€€ | **B&B Dela** Moderne Zimmer oberhalb von Hvar, mit fantastischem Balkonblick, Pool; Frühstück gegen Aufpreis. ■ Miće Marchija 30, 21450 Hvar (Stadt), Tel. 099/286 22 25

€€€ | **Amfora Hvar Grand Beach Resort** Modernisiertes, gehobenes Strandresort in ruhiger Bucht an der Uferpromenade; von hier sind es 10 Min. Fußweg in die Altstadt. ■ Ul. biskupa Jurja Dubokovića 5, 21450 Hvar (Stadt), Tel. 021/75 05 55, www.suncanihvar.com

Insel Vis 85

€ | **Kod Tri Palme** Kleine Pension in historischem Natursteinhaus am Jachthafen. ■ Ul. Vladimira Nazora 67, 21480 Vis (Ort), Tel. 098/198 80 74

Omiš 87

€€ | **Diadem** Stylisches Hotel mit 14 Zimmern im 3. Stock eines Geschäftszentrums, 10 Min. Fußweg in die Altstadt und zum Strand, kostenlose Parkplätze vorhanden. ■ Četvrt Ribnjak 17, 21310 Omiš, Tel. 021/43 08 00

Makarska Riviera 90

€€€ | **Park Makarska** Modernes Strandhotel mit 105 großzügig geschnittenen Zimmern und Ausblick an der Uferpromenade, Swimmingpool vorhanden. ■ Obala kralja Petra Krešimira IV 23, Makarska, 21300 Makarska, Tel. 021/60 82 00, parkhotel.hr

€€€ | **Villa Andrea** Stilvolle, erholsame Villa mit eigenem Strandabschnitt, 1 km von Tučepi entfernt, kostenloser Parkplatz vorhanden. ■ Kamena 46, 21325 Tučepi, Tel. 021/69 52 40, www.villa-andrea.info

ADAC Das besondere Hotel

Martinis Marchi Heritage Hotel
Luxus pur! Das 300 Jahre alte Schlösschen auf der Insel Šolta wurde vor wenigen Jahren von einem deutschen Geschäftsmann restauriert. Malerische Lage oberhalb der Maslinica-Bucht, eingebettet in einen Botanischen Garten. Die Atmosphäre ist familiär, es gibt nur 7 Suiten. Gebadet wird am beheizten Pool, gespeist im vorzüglichen Hotelrestaurant. Wer gut zu Fuß ist, bucht das Turmzimmer, zu dem einige Stufen hinaufführen! Charmant: Badewannen mit verschnörkelten Füßen!
€€€ | *Put svetog Nikole 51, 21430 Grohote, Ortsteil Maslinica, Insel Šolta, Tel. 021/57 27 68, www.martinis-marchi.com*

Süddalmatien: rund um die »Perle der Adria«

Landschaftliche Höhepunkte und mit Dubrovnik eine der schönsten Städte Kroatiens locken in den Süden Dalmatiens

Es ist dieser ganz besondere Mix, der die südliche Adriaküste Kroatiens so attraktiv macht: Eine wildromantische Inselwelt, schroffe Karstberge und grüne Ebenen auf dem Festland wechseln sich mit eindrucksvoller Baukunst ab. Unbestrittene Königin der Region ist Dubrovnik, »Perle der Adria«.

Süddalmatien beginnt im fruchtbaren Neretva-Delta, das unmittelbar an die Makarska Riviera anschließt: Die weitläufige Flusslandschaft lässt Mandarinen, Wassermelonen und Granatäpfel üppig gedeihen. Wie ein Keil schiebt sich Neum, das zu Bosnien und Herzegowina gehört, in das kroatische Küstenland hinein. Südlich folgt die Abzweigung auf die für Rotwein und Austern bekannte Halbinsel Pelješac, die nun über eine Brücke auch direkt zu erreichen ist. Von dort ist es nur ein Katzensprung auf die hügelige Insel Korčula. Und dann Dubrovnik! So viele Kulturdenkmäler auf so kleinem Raum!

Dem Altstadt-Gewimmel entkommt man auf der vorgelagerten Insel Lokrum und den Elaphiten. Individualisten schätzen Mljet und Lastovo, weit draußen in der Adria. Hinter Cavtat beginnt die fruchtbare Ebene von Konavle, die einen Tagesausflug lohnt.

In diesem Kapitel:

31	Neretva-Delta und Neum	96
32	Halbinsel Pelješac	98
33	Insel Korčula	101
34	Dubrovnik	104
35	Elaphitische Inseln	113
36	Insel Mljet	115
37	Insel Lastovo	116
38	Cavtat	116
39	Region Konavle	118
	Übernachten	121

ADAC Top Tipps:

9 Altstadt von Korčula
| Stadtbild |
Die mittelalterliche, mauerumrankte Stadt wirkt wie eine Miniaturausgabe der Altstadt von Dubrovnik. 101

10 Stadtmauer, Dubrovnik
| Stadtmauer |
Die »Perle der Adria« wird von einer begehbaren, imposanten Stadtmauer samt Türmen umgürtet. 106

ADAC Empfehlungen:

 Festungsmauer, Ston, Halbinsel Pelješac
| Befestigungsmauer |
Spaziergang auf Europas »Chinesischer Mauer«. 99

 Liebesgeschichten-Museum, Dubrovnik
| Museum |
Das Museum beweist es: Jedem Anfang wohnt ein Zauber inne. 106

 Berg Srđ, Dubrovnik
| Aussichtspunkt |
Ein wahrlich historischer Ort – über den Dächern von Dubrovnik. 109

 Cave Bar More, Dubrovnik
| Höhlenbar |
Angesagt und cool: Cocktails trinken in der Tropfsteinhöhle. 111

 Insel Lokrum
| Insel |
Nostalgisches Flair und Stille erlebt man auf der Insel Lokrum. 112

 Arboretum Trsteno
| Baumpark |
Eine herrlich grüne Oase mit exotischen Bäumen aus aller Welt. 112

 Sokol grad, Dunave
| Festung |
Früher von strategischer Bedeutung, heute Festung mit Traumblick. 119

Konavoski Dvori, Ljuta
| Restaurant |
Beliebtes Mühlenrestaurant in grüner Umgebung am Bach. 120

31 Neretva-Delta und Neum

In einem früheren Sumpfgebiet erstreckt sich heute das »Tal der Mandarinen«

Information

■ TZ, Ul. dr. Ante Starčevića 3, 20350 Metković (Kroatien), Tel. 020/ 68 18 99, www.tzmetkovic.hr
■ TZ Neum, Ul. kralja Tomislava 4, 88390 Neum (Bosnien und Herzegowina), www.hercegovina.ba

Mandarinen, Kiwis und Granatäpfel leuchten in den Vorgärten der Neretvanska dolina. Der Fluss Neretva durchzieht die fruchtbare Ebene mit mehreren Mündungsarmen, ehe er in die Adria mündet. Das Delta ist durch die Ablagerung von Sedimenten entstanden, die die Neretva von ihrem Oberlauf aus der Herzegowina mitbringt. Schilfwälder und Lagunen machen das Gebiet zu einer bedeutenden Naturoase für über 300 Vogelarten, darunter Blässhuhn, Kranich und die seltene Moorente. Die Vögel machen nach dem kräftezehrenden Flug über das Velebit-Gebirge hier Rast.

Die größten Städte im Neretva-Delta sind touristisch wenig erschlossen: etwa die Hafenstadt Ploče im Westen, das vergessen wirkende Opuzen mit seiner hübschen Häuserfront an der Mala Neretva, einem Seitenarm der Neretva, und das Städtchen Metković an der herzegowinischen Grenze, das mit einem Naturkundemuseum interessierte Besucher über die Bedeutung des Neretva-Deltas aufklärt (Ul. kralja Zvonimira, www.pmm.hr, Mo–Fr 9–16, Sa 9–14 Uhr).

Es gibt Bootstouren durchs Neretva-Delta, am schönsten aber ist der Blick von oben

Neretva-Delta und Neum

 Sehenswert

Archäologisches Museum Narona
| Museum |
Die Römer betrieben im antiken Narona regen Handel, im 7. Jh. machten die Awaren das Städtchen dem Erdboden gleich. Heute erinnert das moderne Arheološki muzej im Dörfchen Vid, das anstelle von Narona hier gewachsen ist, mit römischen Statuen, Keramik, Glas und Bodenmosaiken an den einst so bedeutenden Standort.
■ Naronski trg 6, Vid, http://www.a-m-narona.hr, Juni–Sept. Di–So 9–19, Okt.–Mai Di–Fr 9–16, Sa 9–17, So 9–13 Uhr, 40 HRK, erm. 20 HRK

Neum
| Stadt |
Bosnien und Herzegowina hat ebenfalls einen Zugang zum Meer: Wie ein Riegel schiebt sich das knapp 10 km lange Landstück rund um die Stadt Neum (5000 Einw.) an die Adria – und durchtrennt dabei den kroatischen Küstenstreifen, südlich des Neretva-Deltas. Konkret bedeutet das: Wenn Sie auf dem Landweg nach Pelješac oder Dubrovnik reisen möchten, müssen Sie Bosnien und Herzegowina durchqueren, um dann erneut nach Kroatien einzureisen. Dabei kommt es hier im Sommer oft zu Staus an den Grenzposten. Die neue Brücke soll die Situation entspannen.
Neum prägen gesichtslose Hotel- und Apartmentanlagen, die sich von der Küste dicht gedrängt den Hang hinaufziehen. Noch vor wenigen Jahren bot die Stadt billiges Benzin, doch die Preise haben längst angezogen. Reisebusse und hungrige Autofahrer stoppen dennoch gerne, um in einem der Restaurants üppige Grillteller zu fairen Preisen zu bestellen.

ADAC Wussten Sie schon?

Im Neretva-Delta wachsen mehr als 1 Mio. **Mandarinenbäume** in Plantagen, die jährlich gut 60 t Früchte hervorbringen: Daher wird die Gegend auch »Tal der Mandarinen« genannt.

 Restaurants

€€ | **Đuđa i Mate** Direkt beim Museum in Vid wird typischer Neretva-Fischtopf serviert. Große Auswahl, gute Grillteller, tolle Lage an der Neretva. ■ Velika riva 2, Vid, Tel. 020/687500, tgl. 9–23 Uhr

€€ | **Villa Neretva** Das rustikale Restaurant ist für den typischen Fischtopf Neretva-Brudet (mit Fröschen und Aalen) berühmt. ■ Splitska 14, Siedlung Krvavac II, P.P. 84 (an der Straße Opuzen–Metković), Tel. 020/671200, http://hotel-restaurant-villa-neretva.hr, tgl. 11–24 Uhr

 Einkaufen

Rund um Opuzen und Metković säumen im Herbst viele Verkaufsstände die Hauptstraße: Mandarinen in Säcken, aber auch zu Likör oder Marmelade verarbeitet, sind ein Tipp.

 Events

Breite traditionelle Neretva-Holzboote rudern beim Bootsmarathon **»Maraton lađa«** vor bis zu 50 000 Zuschauern alljährlich am 11. August. Die 22,5 km lange Strecke führt von der Grenzstadt zur Herzegowina, Metković, in die Hafenstadt Ploče.

31 Neretva-Delta und Neum

⭐ Erlebnisse

Mandarinen ernten im Herbst oder mit typischen **Neretva-Booten** auf Fotosafari gehen (mit Picknick) sind ganz besondere Erlebnisse. ■ Buchung im Hotel-Restaurant Villa Neretva bzw. bei Đuđa i Mate (Adressen s. Restaurants)

⚽ Sport

Fast noch ein Geheimtipp: Die **Baćinska jezera** bei Ploče bieten wunderschöne, fast unberührte Natur. Mit dem Kajak oder Stehpaddeln (SUP) geht es durch die schöne Schilflandschaft. ■ Kajak: www.lifeandventures.com, SUP: paddlesurfcroatia.com

32 Halbinsel Pelješac

Feinschmeckerparadies mit zahlreichen Winzern und imposanter Wehrmauer

ℹ️ Information

■ TZ Ston, Pelješki put 1, 20230 Ston, Tel. 020/75 44 52, www.ston.hr
■ TZ Orebić, Zrinsko Frankopanska 2, Orebić, Tel. 020/71 37 18, www.visit orebic-croatia.com

Im Blickpunkt

Kroatiens Mammut-Projekt: die Brücke von Pelješac

Ein Zankapfel ist der »Korridor von Neum« schon seit Jahren: Bosnien und Herzegowina erhielt im Friedensvertrag von Dayton 1995 einen schmalen Meerzugang bei Neum. Das führte dazu, dass Kroatiens Süden mit Dubrovnik seither vom übrigen Festland abgetrennt ist. 2007 begann Zagreb mit dem Bau einer Brücke auf die Insel Pelješac, um den »Korridor von Neum« zu umgehen, fünf Jahre später wurde der Bau gestoppt. Zu teuer! 420 Mio. €, so die Schätzung. Zudem liefen Politiker in Sarajevo Sturm, da sie fürchteten, eine Brücke würde größere Schiffe bei der Einfahrt nach Neum behindern. Sechs Jahre später, 2018, machte die EU Fördergelder locker. Nun baut ein chinesisches Konsortium mit 600 Arbeitern die Brücke – die 2022 eröffnet werden soll.

Wie ein Arm schiebt sich die 66 km lange, gebirgige Halbinsel Pelješac (7000 Einw., 350 km²) in die Adria hinein: Obwohl sie mit dem Festland, südlich von Neum, verbunden ist, geht es hier so ruhig wie auf einer Insel zu. Karge, felsige, mit Macchia bewachsene Gebirgszüge und die höchste Erhebung, Sveti Ilja (961 m), verleihen der Halbinsel einen authentischen Charme. Hin und wieder zweigt eine Straße zu einer schönen Bucht ab – oder zu einem Winzer, denn Pelješac ist für seine sonnenverwöhnten, vorzüglichen Rotweine berühmt: Zu den besten Hanglagen gehört Dingač, ganz im Süden.

Feinschmecker schätzen die Halbinsel für ihre frischen Austern und Muscheln. Wer vom Festland auf die Halbinsel abzweigt, kommt zuerst an Mali Ston (»Kleines Ston«) vorbei: Das Dörfchen (140 Einw.) gruppiert die besten Austernlokale Kroatiens um sein Hafenbecken. Schon die Römer schätzten die Muscheln und Austern aus der Gegend. Gezüchtet werden sie in der geschützten Bucht zwischen

Halbinsel Pelješac 32

Die 66 km lange Halbinsel Pelješac ist bekannt für ihre hervorragenden Rotweine

Halbinsel und Festland. Das größere Nachbarstädtchen Ston (2300 Einw.) mit seinen rechtwinkligen, stimmungsvollen Gassen und guten Restaurants lohnt ebenfalls einen Ausflug!

Sehenswert

Festungsmauer, Ston
| Befestigungsmauer |

 Eindrucksvolle, mehr als 5 km lange Wehrmauer am Berg

Die Hauptattraktion von Ston, 1 km südwestlich von Mali Ston, ist eine mächtige, begehbare Wehrmauer (Stonske zidine). Aufgrund ihrer imposanten Länge von 5,5 km wird sie oft als »Chinesische Mauer Europas« bezeichnet. Errichtet wurde sie als ein weiterer Schutz der Republik Ragusa (Dubrovnik), nachdem diese Pelješac 1333 übernommen hatte.

Die Befestigungsanlage verbindet Ston mit Mali Ston. Von einst 40 Türmen ist noch etwa die Hälfte erhalten. An drei strategisch wichtigen Punkten thronen mächtige Festungen. Veliki Kaštio in Ston, Podzvidz auf dem Berg und Koruna in Mali Ston. Wer die Strecke Ston–Mali Ston begehen möchte, sollte mindestens 45 Minuten einplanen – treppauf und treppab! Der fantastische Ausblick auf die Salzgärten lohnt den Aufstieg!

■ Ston, www.citywallsdubrovnik.hr, April, Mai, Aug. tgl. 8–18.30, Juni, Juli 8–19.30, Sept., Okt. 8–17.30, Nov.–März Di–So 9–15 Uhr, 70 HRK, erm. 30 HRK

Solana Ston
| Saline |

Das »Weiße Gold« aus den Salzgärten von Ston füllte die Kassen der Republik Ragusa. In der Saline werden bis heute

Gehört zu den schönsten Kroatien-Motiven: Korčula-Stadt vor der Pelješac-Halbinsel

auf traditionelle Art 2000 t Meersalz pro Jahr durch Verdunstung gewonnen. Ein Infofilm führt in die Salzgewinnung ein, anschließend geht es an den Kristallisierungsbecken über das Gelände. Am Eingang kann man sich mit einem Säckchen Salz eindecken.

■ Pelješki put 1, Ston, www.solanaston.hr, Sommer tgl. 7–19, Winter 7–14 Uhr, 20 HRK, mit Einführung (Engl.) 30 HRK

Prapratno
| Strand |

Der hübsche Sandstrand, 4 km südwestlich von Ston, erstreckt sich in einer geschützten Bucht, mit Parkplatz.

Orebić
| Fährort |

Tief unter dem Berg Sveti Ilja duckt sich Orebić: Das ehemalige Kapitänsstädtchen im Südwesten ist Fährort, um in nur 15 Minuten auf die berühmte Badeinsel Korčula überzusetzen. Doch auch in Orebić lässt es sich entspannt am Strand liegen oder abends durch die Hauptstraße am Meer bummeln. Das örtliche Seefahrtsmuseum ist im Kastell (16. Jh.) der Kapitänsfamilie Orebić untergebracht: Zu besichtigen sind zwei Räume mit alten Logbüchern und Schiffsmodellen.

■ Trg Mimbelli bb, www.muzej-orebic.hr, Sommer Mo–Fr 7–20, Sa, So 17–20, Winter Mo–Fr 7–14 Uhr, 15 HRK

Verkehrsmittel

Ab Orebić legt die **Autofähre** nach Dominče, 2 km östlich der Altstadt von Korčula-Stadt, ab. **Fähre** ab Ploče nach Viganj (bis zur Inbetriebnahme der neuen Brücke konnte so der Korridor von Neum umgangen werden).

Restaurants

€€€ | **Kapetanova kuća** Berühmtes und traditionsreiches Restaurant für frische Austern und Muscheln im Hafen von Mali Ston. ■ Obala dr. A. Starčevića, Mali Ston, Tel. 020/75 45 55, www.ostrea.hr, tgl. 11–23 Uhr

Erlebnisse

Interessante **Bootsausflüge zur Austernzucht** organisiert das Restaurant Bota Šare in Mali Ston. ■ Tel. 020/75 44 82, www.bota-sare.hr

Sport

Ein beliebter **Marathon** führt über die Wehrmauer von Ston (Sept.). ■ www.ston-wall-marathon.com

Viganj mit Maestral-Nordwind und Sandstränden gilt als einer der besten Spots für **Wind- und Kitesurfer** in Dalmatien, 8 km westlich von Orebić. Kurse, Verleih z. B. bei Liberan (in der Nähe vom Campingplatz Antony Boy), www.liberansurf.eu.

Wandern

Anspruchsvoll, aber schön ist die Wanderung auf den **Sveti Ilja** (961 m) hinauf. 6–8 Std. Zeit sollte man einplanen. Gut 100 km Wanderwege gibt es rund um Orebić, die TZ hält entsprechende Karten bereit.

ADAC Mobil

> Bei Dunkelheit teilen Sie sich die Hauptstraße schon mal mit einem Schakal. Keine Sorge, die Tiere sind scheu. Aber: Fuß vom Gas!

33 Insel Korčula

Marco Polos Heimat besitzt eine der schönsten Altstädte Dalmatiens

Information

■ TZG, Ul. Plokata 19. travnja 1921 br. 40, 20260 Korčula, Tel. 020/71 14 20, www.visitkorcula.eu

Aushängeschild der hügelig-grünen, 36 km langen Insel ist der gleichnamige Hauptort Korčula (16 200 Einw.) mit steinalten Wehrtürmen. Wer Sandstrände mag, steuert den Badeort Lumbarda (1200 Einw.) im Osten der Insel an. Auf den sandigen Hügeln dort gedeiht der Inselwein Grk vorzüglich. Von der Inselstraße zweigen einzelne Straßen zu wenigen, dafür umso schöneren Buchten ab. Am anderen Ende von Korčula, ganz im Westen, erstreckt sich Vela Luka mit einer archäologisch bedeutenden Höhle.

Die Griechen und die Römer nannten die Insel in der Übersetzung »Schwarzes Korčula«, aufgrund der dichten Steineichenwälder, Kiefern und anderen sattgrünen Vegetation.

Sehenswert

Altstadt von Korčula
| Stadtbild |

Venezianisches Juwel mit Wehrmauer und Fischgrät-Grundriss

Die malerische Inselhauptstadt Korčula (5500 Einw.) ist ein Juwel venezianischer Architektur: Mit ihrem fast vollständig erhaltenen, recht kompakten Stadtkern thront sie auf einer winzigen Halbinsel mit Blick auf die gegenüberliegende, gebirgige Halbinsel Pelješac. Große Teile der Wehrmauer sind ver-

Im Blickpunkt

Mit spitzer Klinge: Korčulas Schwerttänze

Scharfe, echte Klingen werden beim Schwerttanz »Moreška« geschwungen: Der Tanz wird auf der Insel Korčula schon seit dem 16. Jh. gepflegt und erinnert vermutlich an den Sieg des Christentums über den Islam in Spanien. Vertreter beider Religionen kämpfen bei stimmungsvollen Abendaufführungen um ein Mädchen miteinander. Obwohl der »Moreška«-Tanz der berühmteste ist, kennt man auf der Insel noch weitere Schwerttänze: Die »Kumpanija« (mit Dudelsack-Begleitung) wird im Sommer vor der Kirche im Örtchen Blato aufgeführt, ebenfalls gepflegt wird der Schwerttanz »Moštra« (nur an Mariä Himmelfahrt in Žrnovo).
Moreška-Aufführungen in Korčula (Stadt): Juli, Aug. Mo/Do, Juni, Sept. Do, 21 Uhr, 100 HRK

schwunden, um Platz für Straßen zu machen, einige Abschnitte – mit Kanonen – überblicken noch den Kanal von Pelješac. Die Mauern waren im Jahr 1571 dick genug, um die türkischen Angreifer abzuwehren. Die Altstadt hat einen interessanten Grundriss: eine Fischgräte – mit einer zentralen Mittelachse, von der die engen Gassen nach Osten und Westen abzweigen. Die leicht schräge Anordnung der Gassen soll verhindern, dass die kalte Bora hindurchfegt, der milde Maestral bei Sommerhitze jedoch leicht erfrischend hindurchwehen kann. Einlass in die Stadt gewährt eine neobarocke Treppe, die durch das Landtor hinaufführt – über dem die Kula Revelin, der höchste Turm innerhalb der Wehrmauern (von oben herrliche Aussicht), wacht.

Kathedrale Sveti Marko, Korčula (Stadt)
| Kathedrale |

Mitten in der Altstadt begrüßt die dreischiffige Katedrala Svetog Marka (hl. Markus) die Besucher: Sehenswert ist das gemeißelte Portal (15. Jh.), im Innern wartet ein Altarblatt des venezianischen Meisters Jacopo Tintoretto (16. Jh.). Der 30 m hohe Kirchturm gewährt eine schöne Aussicht. Südlich der Kathedrale hütet die Schatzkammer (»riznica«) Werke von Carpaccio sowie Skizzen von Leonardo da Vinci.

■ Trg Svetog Marka, Kathedrale im Sommer tgl. 10–16 Uhr, Schatzkammer (inkl. Kathedrale) 25 HRK, Turmbesteigung im Sommer 10–21 Uhr, 25 HRK

Stadtmuseum, Korčula (Stadt)
| Museum |

Das Gabrielis-Palais gegenüber der Kathedrale hütet historische Schiffsmodelle und Steinmetz-Kunst. Die Ausstellung bietet einen guten Überblick über die Kultur- und Wirtschaftsgeschichte der Insel.

■ www.gm-korcula.com, Sommer Mo–Fr 10–19, Sa, So 10–14 Uhr, sonst kürzer, 40 HRK, Kinder bis 14 Jahre frei

Marco-Polo-Haus, Korčula (Stadt)
| Museum |

In einem Steinhaus mit Aussichtsturm (Wiedereröffnung 2022 geplant) soll der China-Reisende Marco Polo geboren worden sein.

■ Depolo 1a, voraussichtlich Juni, Sept. tgl. 10–16, Juli, Aug. 9–21 Uhr

Insel Korčula

Knochen- und Keramikfunde in der Vela špilja zeugen von menschlicher Besiedlung

Plaža Vela Pržina, Lumbarda
| Strand |

Lumbarda ist für seine schönen Sandstrände bekannt, die sonst in Kroatien nur selten vorkommen: 1 km südlich des Ortes lässt es sich mit Blick aufs offene Meer gut am Strand Vela Pržina aushalten und im seichten Wasser planschen. Parken 20 HRK.

Plaža Pupnatska luka
| Strand |

Eine schmale Straße (Vorsicht, Gegenverkehr!) schlängelt sich an der Südküste hinunter ans Meer. Die abenteuerliche Fahrt wird mit kristallklarem Meer belohnt.

Große Höhle, Vela Luka
| Höhle |

Oberhalb von Vela Luka (4500 Einw.), am westlichen Ende der Insel, führt ein asphaltierter Feldweg durch Olivenhaine zur 50 m langen Vela špilja hinauf. Prähistorische Funde, die selten in der Region sind, deuten darauf hin, dass hier schon vor 20 000 Jahren Menschen gelebt haben.

Sommer 9–20 Uhr, 15 HRK

Restaurants

€€€ | **Konoba Adio mare** Das beliebte Traditionsrestaurant in der Altstadt lockt mit frischem Frisch und leckeren Grilltellern. ■ Ul. Marka Pola 2, Korčula (Stadt), Tel. 020/711 53 (Reservierung wird empfohlen), www.konobaadiomare.hr, Mo–Sa 12–23, So 18–23 Uhr

Kneipen, Bars und Clubs

Massimo Kult-Bar auf dem Dach der alten Bastion mit Blick auf den Pelješac-Kanal. Steiler Aufstieg! ■ Šetalište Petra Kanavelića, tgl. 16–24 Uhr

34 Dubrovnik
Die filmreife Altstadtkulisse ist UNESCO-Weltkulturerbe

Dubrovnik aus der Vogelperspektive – die Seilbahn auf den Srđ macht's möglich

 Information

- TZ Dubrovnik, Brsalje 5, 20000 Dubrovnik (am Pile-Tor), Tel. 020/32 38 87, www.tzdubrovnik.hr
- TZ Dubrovnik, www.visitdubrovnik.hr

Dubrovnik (44 000 Einw.) gilt als »Perle der Adria«. Den besonderen Reiz macht eine mächtige Wehrmauer mit Festungstürmen aus: Diese umgürtet die komplett unter UNESCO-Schutz stehende Altstadt mit ihren Renaissancepalästen, Kirchen, Museen, Plätzen und engen Gassen. Auf hellen Steinquadern flanieren Reisende aus aller Welt durch die Fußgängermeile Stradun, eine im 12. Jh. aufgeschüttete Meerenge. Dadurch wurde die Felseninsel mit dem Festland verbunden. Beim verheerenden Erdbeben 1667 wurden viele Gebäude in der Altstadt zerstört und wieder neu aufgebaut.

Dubrovnik genoss schon immer eine politische Sonderstellung: Als freie Seefahrer-Republik Ragusa trieb es zwar regen Handel mit Venedig – blieb jedoch unabhängig. Die Wehrmauer wurde übrigens nie durchbrochen, erst Napoleon beendete die Sonderstellung Dubrovniks.

Als ab 1991 Granaten auf die Stadt hagelten, blieben die Touristen weg. Nun sind die Urlauber längst wieder da,

Dubrovnik **34**

Plan
S. 107

allerdings weitaus mehr, als Dubrovnik verträgt. Die Stadtverwaltung versucht die Besucherströme in den Griff zu bekommen, zuletzt mit einer Begrenzung auf höchstens zwei Kreuzfahrtschiffe pro Tag.

Wer die Altstadtkulisse aus einer anderen Perspektive sehen will, stoppt bei der Anreise auf der mächtigen Franjo-Tuđman-Brücke oberhalb des Hafens Gruž, klettert auf die Wehrmauer hinauf, fährt mit der Seilbahn auf den Berg Srđ oder mit dem Boot auf die Insel Lokrum. Baden lässt es sich östlich der Altstadt: Rappelvoll, aber am nächsten dran ist der Stadtstrand Banje; bis zum Strand Sveti Jakob sind es 15 Minuten Fußweg. Beliebt ist der Strand »Copacabana« in Babin kuk auf der Halbinsel Lapad.

 Sehenswert

 Festung Lovrijenac
| Festung |

Das »Gibraltar von Dubrovnik« thront dramatisch auf einem 37 m hohen Felsen, nordwestlich des Haupttors Vrata od Pile (Pile-Tor): Die bis zu 6 m dicken Wände schützten die Stadtmauer zusätzlich – heute belagern »Game of Thrones«-Serienfans das Bollwerk. 1018 wurde mit dem Bau begonnen, fertig war er erst im 16. Jh. Über dem Eingang prangt der lateinische Leitspruch, dass man »für kein Geld der Welt seine Freiheit verkaufen werde« (Non Bene Pro Toto Libertas Venditur

ADAC Spartipp

Die **Dubrovnik-Card** lohnt sich, wenn man – neben der Stadtmauer – auch noch ein, zwei Museen anschauen will, zudem kann man den Bus kostenlos nutzen. Mehrtageskarten sind auch in den Museen von Cavtat und Čilipi gültig. Kosten: 250/300/350 HRK für 1/3/7 Tage. Erhältlich z. B. in der TZ am Pile-Tor oder online, www.dubrovnikcard.com.
Wer nur Museen anschauen will, kann ein Kombi-Ticket für die Museen erwerben, www.dumus.hr, 120 HRK, erm. 50 HRK.

ADAC Mobil

Stadtbus Die städtischen Buslinien laufen stadteinwärts zentral vor dem Pile-Tor zusammen. Karten gibt es beim Fahrer (15 HRK) oder am Tisak-Kiosk (12 HRK). Vom Pile-Tor auf die Halbinsel Lapad fahren die Busse 4, 5, 6 und 9, zum Fähr-/Kreuzfahrthafen Gruž (ca. 2 km) Nr. 1 und 3.

Tuk-Tuk Dubrovnik lässt sich mit dem Mini-Elektromobil »Tuk-Tuk« entdecken (frühzeitig reservieren!), www.ecotuktoursdu.hr, 3 Std. ca. 45 €/Pers.

Fähren Ab dem Hafen Gruž kommt man – mit und ohne Auto – auf die Inseln Mljet, Korčula, Lastovo, Hvar, Brač und die Elaphiten.

Parken im Hafen Gruž 15 HRK/Std. bzw. 200 HRK/Tag für Pkw (Obala Pape Ivana Pavla II br. 1).

www.gv-line.hr, www.jadrolinija.hr

Auro). Bis heute gilt »Libertas« als das Leitmotto der Stadt.

■ Ul. od Tabakarije 29, tgl. 8–19 Uhr, 50 HRK (oder Dubrovnik Card/Stadtmauer-Ticket)

② Liebesgeschichten-Museum
| Museum |

Ungewöhnlich, etwas schräg, aber absolut liebenswert

Eine große Liebe, die mit einer lilafarbenen Fliege begann? Im Liebesgeschichten-Museum (Love stories museum) wird anhand einzelner Ausstellungsstücke erzählt, welche besondere Rolle diese für (bekannte und unbekannte) Liebespaare spielten. Trennungen kommen in dem kleinen Privatmuseum (kaum) vor, und das macht herrlich gute Laune! Wer will, pinnt sein eigenes Paar-Selfie an die Wand. Die Begleittexte sind auf Kroatisch und Englisch, eine Kinderspiel- und Selfie-Ecke gibt es auch.

■ Ul. od Tabakarije 2, www.lovestories museum.com, Sommer tgl. 10–21, Winter 10–16 Uhr, 50 HRK, erm. 35 HRK, unter 10 Jahre frei

③ Stadtmauer
| Stadtmauer |

Steinalte Wehrmauer mit Ecktürmen und Festungsanlagen

Steile Steintreppen führen an der Innenseite des Pile-Stadttors hinauf, dann geht es – treppauf und treppab – einmal um die ganze Altstadt: Die knapp 2 km lange Wehrmauer wird von mehreren Bastionen und fünf Ecktürmen durchbrochen. Entgegen dem Uhrzeigersinn erreicht man zunächst das Fort Bokar. Mit Meerblick geht es anschließend weiter nach Osten zur Festung Sveti Ivan (hl. Johannes), die den Altstadthafen beschützen sollte. Im Nordosten wacht die Festung Revelin über das Ploče-Stadttor (Vrata od Ploče). Der Rundturm im Nordwesten, Fort Minčeta, mit seinen Schießscharten, ist das Wahrzeichen von Dubrovnik. Direkt unterhalb versteckt sich ein relativ neues Museum, Kula Gornji ugao, die Ausgrabungsstätte einer Gießerei aus dem späten 15. Jh. im »Oberen Eckturm« (tgl. 10–17 Uhr, 30 HRK). Von dort gelangt man flink wieder zum Pile-Stadttor.

Gefällt Ihnen das?

Dubrovniks Stadtmauer ist imposant! **Mächtige Wehrmauern** gibt es aber auch in Ston (S. 99) und Korčula (S. 101) zu bestaunen.

Wer sich keine ganze Runde zutraut, kann den Weg abkürzen: Ein- und Ausgänge existieren auf beiden Seiten des Stradun (Pile- und Ploče-Tor) sowie bei der Festung Sveti Ivan. Schatten gibt es kaum, Sonnenschutz und Getränke nicht vergessen!

■ Ticket: 200 HRK, gilt auch für die Festung Lovrijenac (oder Dubrovnik Card)

■ Aquarium: www.imp-du.com, Juli, Aug. tgl. 9–22, Juni, Sept. 9–21, übrige Zeit bis 18 Uhr, 60 HRK, Dubrovnik Card gültig

④ Stradun
| Flaniermeile |

Die zentrale Fußgängermeile Stradun, deren eigentlichen Namen »Placa« kaum jemand nutzt, ist gerade mal 293 m lang. Sie verbindet die beiden Stadttore, das Pile-Tor im Westen und das Ploče-Tor im Osten. Alle Häuser haben einheitlich grüne Holz-Fensterläden und beherbergen im Erdgeschoss Geschäfte oder Cafés. Beide Enden der Straße markiert ein Platz mit einem Brunnen des neapolitanischen Baumeisters Onofrio della Cava (15. Jh.): Der Große Onofrio-Brunnen beim Pile-Tor ist ein beliebter Treffpunkt für Stadtführungen. Das Ostende des Stradun markiert der Kleine Onofrio-Brunnen auf dem Luža-Platz. Parallel zum Stradun verlaufen zwei weitere Straßen: Prijeko und Ul. od puča, mit Restaurants und Souvenirgeschäften, die durch enge Quergassen mit dem Stradun verbunden sind.

⑤ Franziskanerkloster
| Kloster |

Das Franjevački samostan im romanischen Stil hütet eine wertvolle Bibliothek, einen schönen Kreuzgang und die älteste Apotheke Europas, die seit 1317 ununterbrochen betrieben wird. Ein Verkaufsschlager sind die Kräu-

34 Dubrovnik

Plan S. 107

tercremes und das Rosenöl, das nach alten Klosterrezepten hergestellt wird.

■ Stradun 2, Sommer tgl. 9–18, Winter 9–14 Uhr, 30 HRK, erm. 15 HRK

6 War Photo Limited
| Fotomuseum |

Es sind erschütternde Momentaufnahmen. Sie erinnern an den blutigen Zerfall Jugoslawiens und andere Kriege. Die ausgestellten Fotos stammen von berühmten Kriegsfotografen.

■ Antuinska 6, www.warphotoltd.com, Mai–Sept. tgl. 10–22, April, Okt. Mi–Mo 10–15 Uhr, 50 HRK, erm. 40 HRK

7 Kirche Sveti Vlaho
| Kirche |

Auf den Treppen der hübschen, barocken Blasius-Kirche (1715, Sveti Vlaho) wacht der steinerne Stadtpatron über den Stradun. Er hält ein Stadtmodell in der Hand, das die Stadt vor dem großen Erdbeben von 1667 zeigt. Vor der Kirche erhebt sich die Roland-Säule (Orlandov stup).

8 Palača Sponza
| Gebäude |

Der Sponza-Palast, ein Renaissance- und Gotikbau mit Arkaden (1516–1521), zählt zu den schönsten Gebäuden der Stadt. Es ist eines der wenigen Gebäude, die das große Erdbeben unbeschadet überstanden haben. Werfen Sie einen Blick in den Innenhof mit seinem Kreuzgang! Das Gebäude selbst kann nicht besichtigt werden, darin befindet sich das Staatsarchiv.

■ Atrium tgl. 9–21 Uhr, 25 HRK

Am Ende des Stradun liegt der Luža-Platz mit dem Sponza-Palast, heute Staatsarchiv, und dem Glockenturm

9 Dominikanerkloster
| Kloster |

Das gotische Dominikanski samostan (13. Jh.) wurde wunderbar zwischen Wehrmauern und Revelin-Festung in der östlichen Altstadt eingebettet, kurz vor dem Ploče-Tor. Sehenswert ist der Kreuzgang sowie eine kostbare Goldschmiedekunst-Sammlung. Die Kirche wird längerfristig restauriert.

■ Ul. Sv. Dominika 4, Sommer tgl. 9–18, Winter 9–17 Uhr, 30 HRK, erm. 20 HRK

10 Rektorenpalast
| Kunstmuseum |

In dem markanten Rektorenpalast (Knežev dvor, 15. Jh.) hatte der Statthalter von Dubrovnik seinen Sitz. Heute zeigt das Kulturhistorische Museum darin Barock- und Rokoko-Möbel, Gemälde, Münzen und Waffen. Der Innenhof ist prächtige Konzertkulisse des Sommerfestivals.

■ Pred Dvorom 3, www.dumus.hr, April–Okt. tgl. 9–18, Nov.–März 9–16 Uhr, 80 HRK (Kombi-Ticket/Dubrovnik Card)

11 Kirche Mariä Himmelfahrt
| Kathedrale |

Die Schatzkammer der barocken Katedrala Uznesenja Marijina (18. Jh.) hütet Reliquien, Gold und Silber, die bei der Prozession am 3. Februar durch die Straßen getragen werden.

■ Ul. kneza Damjana Jude 1, Kathedrale tgl. 7.30–19, Schatzkammer (riznica) Sommer Mo–Sa 9–16, So 11.30–16, Winter 9–12, 15.30–17 Uhr, 20 HRK

12 Berg Srđ
| Aussichtspunkt |

 In vier Minuten hoch über die Altstadt schweben

Mit der Seilbahn dauert der Aufstieg auf den Hausberg Srđ (412 m) nur wenige Minuten: Ein besseres Panorama auf das rote Dächergewirr gibt es nicht. Das Fort Imperial an der Bergstation wurde unter Napoleon 1808 gebaut, es beherbergt das Museum des Heimatkrieges, das die schrecklichen Ereignisse mit Fotos, Waffen und Karten anschaulich macht. Vom Berg Srđ wurde die Altstadt von Dubrovnik ab 1991 beschossen, viele Gebäude wurden zerstört – und wieder saniert. Anfahrt mit dem Auto über den Berg Bosanka, Abzweigung südlich von Dubrovnik (asphaltiert), ca. 5 km.

■ Talstation (ca. 400 m nördlich des Ploče-Tors): Ulica Petra Krešimira IV bb, www.dubrovnikcablecar.com, 150 HRK, erm. 60 HRK; Heimatkriegs-Museum April–Okt. tgl. 8–18, Nov.–März 8–16 Uhr, 30 HRK, bis 12 Jahre frei

ADAC Mobil

Die Altstadt von Dubrovnik ist im Sommer wirklich rappelvoll! Entspannter ist ein Besuch in der Vor- oder Nachsaison, etwa im April oder Oktober. Warum nicht im Dezember, wenn an heimeligen Holzbuden Glühwein ausgeschenkt wird? Zwischen Juni und September empfiehlt es sich, entweder recht früh am Morgen oder am Abend zu kommen, wenn die Kreuzfahrtschiffe und Reisebusse wieder fort sind. Seilbahn, Stadtmauer und Museen haben bis spät geöffnet und die warme Straßenbeleuchtung taucht die Altstadtgassen in ein stimmungsvolles Licht. Ein Online-Besucherkalender in Ampelfarben sagt voraus, wann es voll wird (auf Engl.). *www.dubrovnik-visitors.hr/ prediction*

Parken

Dubrovniks autofreie Altstadt gilt es, im Einbahnstraßen-System zu umfahren. Öffentliche Parkplätze sind begehrt (5–75 HRK/Std.). Wer von Westen kommt, sollte lieber gleich ins **Parkhaus Ilijina Glavica** (Zagrebačka ulica) und von dort zu Fuß oder mit dem Bus in die Altstadt. ■ www.sanitat.hr/en

Restaurants

In Dubrovnik hat sich eine internationale Gastro-Szene etabliert, die von Sushi über Fusion- bis hin zu Balkan-Küche reicht. Die meisten Restaurants in der Altstadt sind preislich eher im gehobenen Bereich.

€ | **Konoba Tabak** Die Taverne im Stadtteil Gruž wirkt auf den ersten Blick eher wie eine Imbissbude, serviert aber solide Tagesgerichte. Hier gehen die Einheimischen gerne essen. ■ Vukovarska ul. 32 a, Tel. 020/35 72 42, Mo–Sa 8–18 Uhr, Plan S. 107, nordwestl. a1

€ | **Preša** Ein erschwinglicher Snack in der eher hochpreisigen Altstadt von Dubrovnik: leckere Ćevapčići, große Salate und Palatschinken. Mit kleiner Sitzgelegenheit. ■ Đorđićeva 2, Tel. 098/989 29 42, tgl. 9–23 Uhr, Plan S. 107, b2

€€–€€€ | **Azur** Das Restaurant nahe der Buža-Bar ist schwer angesagt: Fusion- und Mittelmeer-Küche mit asiatischer Note! ■ Ul. Pobijana 10, Tel. 020/23 48 06, www.azurvision.com, März–Mitte Nov. Di–So 12.30–22 Uhr, Plan S. 107, c4

€€–€€€ | **Fish Bar El Pulpo** In dem winzigen, gemütlichen Lokal mit Dachterrasse werden Fischgerichte als Fisch-Burger oder Fish & Chips modern interpretiert. ■ Mate Vodopića 6 (Halbinsel Lapad), Tel. 020/29 40 28, tgl. 10–24 Uhr, Plan S. 107, nordwestl. a1

Dubrovnik 34

Heute kaum noch vorstellbar: Vom Berg Srđ aus wurde Dubrovnik beschossen

 Cafés

Buža Bar und Buža II Ziemlich versteckt führt ein Loch in der südlichen Stadtmauer zum Kult-Café Buža, wo ein internationales Publikum auf Felsstufen einen »Sundowner« schlürft. Ein ultimativer und legendärer Platz in Dubrovnik. Östlich davon sitzt man ebenfalls spektakulär im neueren Buža II. ■ Südliche Altstadt; Buža: dem Schild »Cold drinks« folgen; Buža II: Ul. Ispod Mira, tgl. 8–22 Uhr, Plan S. 107, c4

(21) **Cave Bar More** Auf Felsen trifft man sich zum Sundowner am Meer oder sichert sich gleich einen Platz in der stylischen Bar, die sich in einer echten Tropfsteinhöhle befindet! ■ Šetalište Nika i Meda Pučića 13 (Hotel More), Halbinsel Lapad, http://cavebar-more.com, tgl. 10–24 Uhr, Plan S. 107, nordwestl. a1

 Einkaufen

Guliver Qualitativ hochwertige, stylische Ledertaschen und -schuhe, made in Croatia. ■ Gundulićeva poljana 4, www.guliver.hr, Plan S. 107, c3

Tržnica Der Bauernmarkt auf dem Altstadt-Platz Gundulićeva poljana ist ein guter Ort, um sich mit Likören oder Lavendelsäckchen einzudecken. Benannt ist der Platz nach dem berühmten Dubrovniker Barockdichter Ivan Gundulić, dessen Denkmal über den Platz wacht. ■ Sommer Mo–Sa 6–14, So 6–11, Winter 6–12 Uhr, Plan S. 107, c3

 Kneipen, Bars und Clubs

Am Abend trifft man sich in den Cafés in der Altstadt, oft mit Livemusik. Auf der Hotel-Halbinsel Lapad/Babin kuk reihen sich in der Fußgängerprome-

nade Šetalište kralja Zvonimira viele Cafés und Restaurants aneinander.
Club Lazareti Östlich des Ploče-Tors geht es zur früheren Quarantänestation von 1377. Heute wird hier am Abend getanzt. ■ Ul. Frana Supila 10, www.lazareti.com, Plan S. 107, östl. d1

Kinder

Nördlich und südlich des Stradun führen schmale Treppengassen hinauf. Mit dem Kinderwagen kommt man da nicht weit – lieber auf eine Babytrage oder »Kraxe« umsteigen! Falls die Kleinen eine Auszeit brauchen: Zwischen Pile-Tor und Stradun führt ein Loch in der Mauer zu einem Spielplatz.

Events

Dubrovačke ljetne igre Die Sommerfestspiele von Dubrovnik haben eine lange Tradition. Seit 1956 verzaubern sie ihr Publikum. Geboten werden klassische Musik, Ballett und Theater, auf den Festungen und in verschiedenen malerischen Innenhöfen der Stadt. ■ 10. Juli–25. Aug., www.dubrovnik-festival.hr

ADAC Mittendrin

Wenn die Dubrovniker alljährlich am 3. Februar ihren **Stadtpatron Sveti Vlaho** (hl. Blasius) feiern, treffen sich alle auf dem Stradun: Ein Dutzend (Erz-)Bischöfe aus ganz Kroatien, Pilger in Volkstrachten, Pfadfinder, Familien und Touristen. Die beeindruckende, stundenlange Prozession, die seit 1190 abgehalten wird, gehört seit 2009 zum immateriellen UNESCO-Weltkulturerbe.

Sport

Kajak-Tour rund um Dubrovnik und auf die Insel Lokrum, 30 Min. Paddeln.
■ www.adriatickayaktours.com

In der Umgebung

Insel Lokrum
| Insel |

 Verwilderte Barockgärten und duftende Pinien

Die bewaldete, grüne Naturreservat-Insel Lokrum vor der Altstadt ließ Erzherzog Maximilian von Habsburg im 19. Jh. umgestalten: Das ehemalige Benediktinerkloster (1798 aufgelöst), heute das Inselrestaurant, wurde seine Residenz. Eine Ausstellung zeigt Fotos der Dreharbeiten zu »Game of Thrones«. Auf der höchsten Inselkuppel (97 m) thront das Fort Royal aus Napoleons Zeiten. Im Salzsee Mrtvo more (»Totes Meer«), lässt es sich gut baden.
■ www.lokrum.hr, 15 Min. Bootsfahrt ab Stadthafen (April–Okt.), halbstdl./stdl. 9–19/20 Uhr (je nach Saison), Fährticket inkl. Eintritt 150 HRK, erm. 25 HRK

Arboretum Trsteno
| Baumpark |

 Parkanlage am Meer mit langer Vergangenheit

Der geometrisch angelegte Park, 18 km nördlich von Dubrovnik, breitet sich seit über 500 Jahren um die Sommervilla der Familie Gučetić aus. So alt sind auch die beiden mächtigen Platanen in Eingangsnähe! Die Dubrovniker Kapitäne brachten Eukalyptus, Campher und Pflanzen aus aller Welt mit. Beliebtes Fotomotiv: der barocke Neptunbrunnen mit winziger Grotte. Unterhalb des Parks versteckt sich ein idyllischer Strand. Fans von »Game

Elaphitische Inseln 35

Im Blickpunkt

Winnetous und Robin Hoods Filmheimat: Drehorttourismus

Falls Sie noch nie von der Hauptstadt »King's Landing« gehört haben, kennen Sie die erfolgreiche US-Fantasy-Serie »Game of Thrones« vermutlich nicht. Gedreht wurde auch rund um Dubrovnik. Seither bevölkern Fans die Drehorte und Fantasy-Souvenirshops in der Altstadt. Im Rektorenpalast lebte ein Gewürzkönig, das Arboretum in Trsteno ist im Film der »Rote Bergfried«. Dubrovnik war auch Drehort von »Star Wars Episode VIII«: 600 Sicherheitsleute sorgten mithilfe von Drohnen dafür, dass niemand unerlaubte Aufnahmen von den Dreharbeiten machte. Auch der Kinofilm »Robin Hood: Origins« wurde 2017 in Dubrovnik aufgenommen.
Game of Thrones-Stadtführungen, Treffpunkt: Großer Onofrio-Brunnen, www.dubrovnik-walking-tours.com, tgl. 11, im Sommer auch 9.30, 16, 17 Uhr, 200 HRK

of Thrones« haben den Drehort für sich entdeckt.
■ Bus Nr. 12 ab Dubrovnik, Potok 20, Trsteno/Zaton Veliki (an der Adria-Magistrale), Sommer tgl. 7–19, Winter 8–16 Uhr, 50 HRK

Mostar, Bosnien und Herzegowina
| Stadtbild |
Organisierte Tagesausflüge ins Nachbarland Bosnien und Herzegowina werden von allen Küstenorten in Süddalmatien angeboten.
Highlight ist Mostar (113 000 Einw.), die Hauptstadt der Herzegowina. Dort spannt sich die rekonstruierte Alte Brücke (Stari most) malerisch über die Neretva. In der Nähe lässt es sich gut an Marktständen stöbern, durch enge Gassen bummeln und einen Blick vom Minarett der Koski Mehmed-Paša-Moschee (Mala Tepa 16, 6 €/12 KM) aus osmanischer Zeit (1617) werfen.
Einige Anbieter legen einen Stopp im berühmtesten Marien-Wallfahrtsort Međugorje ein, der jährlich über 1 Mio. Pilger anzieht.

35 Elaphitische Inseln

Malerische Inselgruppe vor den Toren Dubrovniks

 Information

■ TIC Šipan, Luka bb, 20223 Šipanska Luka, Tel. 020/75 80 84
■ TIC Lopud, Obala Iva Kuljevana 12, 20222 Lopud, Tel. 020/32 23 22

Hauptattraktion des Elaphiten-Archipels (Elafiti, Elafitski otoci) sind drei ständig bewohnte Inseln mit sehr guter Fährverbindung nach Dubrovnik. Im goldenen Zeitalter der Republik Ragusa zog der Adel Sommerresidenzen auf den Inseln hoch und ließ dort Kirchen bauen – von denen einige noch mehr oder weniger gut erhalten sind.
So ruhig es auf den Elaphitischen Inseln in der Nebensaison auch zugeht, so trubelig wird es im Sommer, wenn Ausflugsboote und Tagestouristen aus Dubrovnik mit der Fähre anlegen. Auch Nautiker haben die Inselgruppe für sich entdeckt.

Aus der Luft offenbart sich die ganze Schönheit des Nationalparks Mljet

 Sehenswert

Koločep
| Insel |

Koločep (150 Einw., 2,4 km²) oder Kalamota, wie die Einheimischen sagen, ist eine winzige, autofreie Insel. An der Mole des gleichnamigen Hauptortes lässt es sich – mit Blick auf die im Hafen dümpelnden Fischerboote – prima Cappuccino trinken. Ein schmaler Fußweg (1,5 km) führt ins ruhigere Dörfchen Gornje Čelo, wo ein schöner Strand lockt.

Lopud
| Insel |

Die autofreie Insel Lopud (250 Einw.), zwischen Koločep und Šipan gelegen, gilt für viele als die schönste des Archipels: Subtropisch blühende Gärten und Parks erfreuen das Auge der Besucher. An der Uferpromenade wartet eine Handvoll Restaurants auf Tagestouristen aus Dubrovnik. Am Sandstrand Šunj – auf der gegenüberliegenden Seite der Fähranlegestelle – kann man Liegen und Sonnenschirme mieten, ein Abschnitt ist FKK-Anhängern vorbehalten. Erwarten Sie dort allerdings im Sommer keine Einsamkeit! Wer zu Fuß zum Strand Šunj möchte, geht 20 Minuten über hügeliges Terrain, bequemer ist es mit dem Golf-Buggy (20 HRK).

Šipan
| Insel |

Šipan (500 Einw., 16 km²), die größte und bevölkerungsreichste Insel des Trios, auch »Goldene Insel« genannt, prägen viele Olivenbäume und Weingärten. Auf der (fast autofreien) Insel gibt es zwei kleine Häfen, die eine 5 km lange Straße verbindet: Suđurađ im Osten (zum Baden und Espresso trinken) und Šipanska Luka im Westen (mit guten Restaurants). Einige alte Kirchen und Sommerresidenzen wurden befestigt und dienten der Abwehr feindlicher Piraten. Die imposante Sommervilla des Dubrovniker Schiffsbauers Vice Stjepović-Skočibuha erinnert an eine Festungsanlage.

Restaurants

€€€ | **Obala** Fisch in Salzkruste und Scampi im würzigen Buzara-Sud gibt es direkt an der Promenade von Lopud. Wer in erster Reihe am Meer sitzen will, sollte reservieren. ■ Obala Iva Kuljevana 18, Lopud, Tel. 098/51 27 25, http://www.obalalopud.com, tgl. 10–23.30 Uhr

36 Insel Mljet

Sattgrüne Nationalpark-Insel mit Salzseen und Klostereiland

Information

■ TZ Mljet, Zabrježe 2, 20225 Babino Polje, Tel. 020/74 60 25, www.mljet.hr, Mo–Fr 8–14 Uhr

Mljet (1100 Einw.), weit im Süden Dalmatiens, gehört zu den am dichtesten bewaldeten Inseln. Wenige Dörfer durchbrechen die hügelige Landschaft mit ihren versteckten Buchten und Sandstränden. In der Inselmitte findet sich der winzige Hauptort Babino polje, im äußersten Osten wird an gleich drei feinen Sandstränden bei Saplunara gebadet, und der Westen ist mit seinem Nationalpark-Status ein Paradies für Naturliebhaber und Wanderer. Auf Mljet gibt es nur ein Hotel (Odisej), übernachtet wird in Privatunterkünften

ADAC Spartipp

Wer eine der Inseln kennenlernen möchte und sein eigenes Picknick mitbringt, kommt sehr günstig mit der Linienfähre (4x tgl., www.jadrolinija.hr) auf die Eilande – für gerade mal 23 HRK, erm. 10–12 HRK (einfache Fahrt, egal auf welche der drei Inseln). Der Vorteil: Sie haben mehr Zeit, jede Insel zu erkunden. Organisierte Touren, die in allen Küstenstädten angeboten werden (»Drei-Insel-Tour«, mit Picknick) kosten ab 300 HRK/Pers.

– eine ideale Insel also für Individualisten, die ohne Nachtleben auskommen. Der Legende nach soll Odysseus auf Mljet gestrandet sein und gleich sieben Jahre in einer Höhle (südlich von Babino Polje) verbracht haben, im Bann der Nymphe Kalypso, so die Legende.

Sehenswert

Nationalpark Mljet
| Nationalpark |
Der Westen der Insel hat schon seit 1960 Nationalpark-Status (54 km²): Pinien, Kiefern, Zypressen, eine schöne Küste und wenige Ortschaften wie Polače mit antikem Kastell erstrecken sich hier. Lieblings-Fotomotiv ist die winzige Klosterinsel der Benediktiner, Sveta Marija (hl. Maria, 12. Jh.), die sich im südlichen Abschnitt des Salzsees Veliko jezero (»Großer See«) erhebt. Der See ist mit dem benachbarten, seichten Malo jezero (»Kleiner See«) verbunden.
■ www.np-mljet.hr, 125 HRK, erm. 70 HRK, unter 7 Jahre frei, Nebensaison 70/50 HRK, Online-Tickets erhältlich

Verkehrsmittel

Trajekt bzw. Katamaran ab Split oder Dubrovnik (Route: Split–Brač–Hvar–Korčula–Mljet–Dubrovnik); kürzeste Anreise: Prapratno (Pelješac)–Sobra (Mljet). ■ www.jadrolinija.hr

37 Insel Lastovo

Abgeschiedene Insel mit markanten Schornsteinen

 Information

■ TZ, Pjevor 7, 20290 Lastovo (Ort), Tel. 020/80 10 18, www.tz-lastovo.hr

Die ruhige, naturbelassene Insel Lastovo (700 Einw., 46 km²) ist fast noch ein Geheimtipp. Napoleon platzierte sein Heer auf Lastovo und blieb fünf Jahre: Dabei ließ er die mittelalterliche Festung Kašćel im Inselhauptort Lastovo, die Hauptattraktion der Insel, ausbauen. Das Örtchen ist für seine ungewöhnlich hohen, schmalen Schornsteine bekannt. Nach dem Ersten Weltkrieg gehörte Lastovo zu Italien, zu jugoslawischer Zeit waren 800 Soldaten hier stationiert, die Insel war für Besucher gesperrt. In Skrivena luka (»Versteckter Hafen«), mit kleinem Kiesstrand, reckt sich der 25 m hohe Leuchtturm Struga in den Himmel (1839). Bei Pasadur gibt es das einzige Inselhotel (Solitudo), ansonsten kann man hier gut Radfahren (Nextbike-Stationen in Ubli und Lastovo) und spazieren gehen.

 Verkehrsmittel

Fähre/Personenschnellboot nach Ubli (Lastovo). ■ Ab Dubrovnik: www.tp-line.hr, ab Split: www.jadrolinija.hr

 Restaurants

€€€ | **Triton** Segelcrews stoppen hier gerne: Fangfrischer Fisch wird zu zartem Carpaccio verwandelt oder auf den Grill gelegt. ■ Zaklopatica 15, Lastovo (Ort), Tel. 020/80 11 61, tgl. 8–23 Uhr

 Erlebnisse

Der Nachthimmel ist auf Lastovo so dunkel wie kaum anderswo in Dalmatien: einfach perfekt, um den Sternenhimmel zu beobachten!

38 Cavtat

Mittelalterlicher Badeort zwischen zwei Halbinseln

 Information

■ TZ, Zidine 6, 20210 Cavtat, Tel. 020/47 90 25, visit.cavtat-konavle.com

Der Badeort Cavtat (2100 Einw.) schmiegt sich sichelförmig zwischen zwei malerische Halbinseln in eine tiefe Bucht und lockt mit mehreren Stränden in der Umgebung. Im Sommer bevölkern Badegäste die Strand

ADAC Spartipp

Kostenlose Events, an denen Besucher teilhaben können, sind z. B. der **»Sommer von Cavtat«** (Ende Juni–Anf. Aug.) mit Klapa-Chören, Tänzen und Musik. Höhepunkte sind der **Sommerkarneval** (Anfang Juli) und das **Fest der Maria Schnee** (5. Aug.) mit Prozession. *Programm unter www.visit.cavtat-konavle.com*

Cavtat

Von Bergen gerahmt und mit glasklarem Meerwasser gesegnet: der Badeort Cavtat

hotels oder essen Eis an der Riva, in der Nebensaison gilt Cavtat mit mehreren Luxus-Hotels als führender internationaler Konferenzort in Kroatien. Cavtat blickt auf eine lange Geschichte zurück: Hier gründeten die Griechen Epidauros (228 v. Chr.), später nannten die Römer die Siedlung Epidaurum. Als die Awaren Cavtat im 7. Jh. zerstörten, flüchteten die Bewohner nach Norden und gründeten rund 20 km entfernt das heutige Dubrovnik.

 Sehenswert

Račić-Mausoleum
| Grabkapelle |

Eine gut ausgebaute Rundpromenade führt über die Halbinsel immer am Meer entlang, an felsigen Badebuchten und einem kleinen Strand vorbei. Dann leiten Treppen die Besucher auf eine bewaldete Bergkuppe mit Friedhof: Dort thront das Mausoleum der Reederfamilie Račić. Ivan Meštrović, ein Freund der Familie, entwarf dieses bauliche Meisterwerk 1921. Im Inneren symbolisieren Skulpturen Geburt, Tod und das ewige Leben. Ein kürzerer Weg führt hinab, über Treppengassen kommt man rechter Hand wieder auf die Uferpromenade.

■ Mausoleum Mo–Sa 10–17 Uhr, 20 HRK

Kuća Bukovac
| Museum |

Das Geburtshaus des berühmten kroatischen Malers Vlaho Bukovac (1855–1922), der zu den Begründern der Kroatischen modernen Malerei gehört, gibt auf drei Etagen interessante Einblicke in seine frühe Schaffensperiode. Audioguide via Smartphone-App.

■ Bukovčeva ul. 5, Tel. 020/47 86 46, April–Okt. Di–Sa 9–18, So 9–12 Uhr, Nov.–März verkürzt, 30 HRK

38 Cavtat

Zypressen umgeben die Festung Sokol grad über dem weiten Konavle-Tal

 Verkehrsmittel

Im Sommer Bootsverkehr zwischen dem alten Stadthafen Dubrovnik und Cavtat. ■ Juni–Sept., 80 HRK

 Parken

Zentraler, großer Parkplatz **vor der Altstadt** (Pkw 10 HRK/Std., Wohnmobile 80 HRK/Std.).

 Restaurants

€€€ | **Bugenvila** Kreativ bunte, grüne Terrasse mit schlichten Holztischen und großer Schauküche. Hier kehrt man zu Prosecco, Austern oder einem Menü mit zartem Petersfisch ein! Spartipp: Mittagsmenü. Reservierung wird empfohlen. ■ Put dr. Ante Starčevića 9, Tel. 020/47 99 49, www.bugenvila.online, Mai–Okt. tgl. 12–23, Menü bis 21 Uhr

 Sport

Das deutschsprachige **Tauchzentrum Epidaurum** bietet Tauchgänge zu einem antiken Schiff mit einer Ladung Amphoren auf dem Meeresgrund an. ■ Šetalište Žal, Cavtat (am Strand des Hotels Epidaurus), Tel. 020/47 14 44, epidaurum.com

39 Region Konavle

Mediterrane Vegetation schmeichelt Kroatiens äußerstem Süden

 Information

■ TZ, Zidine 6, 20210 Cavtat, Tel. 020/47 90 25, visit.cavtat-konavle.com

Überraschend mediterran und grün präsentiert sich Kroatiens äußerster Süden: Im Frühjahr blühen hier Mandelbäume, grüner Wildspargel wächst am Wegrand, Zypressen und Pinien prägen diesen schmalen, sehr reizvollen Landstrich (8500 Einw., 209 km²) südlich des Flughafens von Dubrovnik. Die Küste ist hier oft steil, die Ebene durchzieht der Fluss Ljuta, an alten Wassermühlen vorbei. Im Norden begrenzen der Berg Snježnica (1234 m) und das gebirgige Nachbarland Bosnien und Herzegowina die Region Konavle. Im Süden ragt die frühere Militär-Halbinsel Prevlaka in die Bucht von Kotor hinein, die aber bereits zu Montenegro gehört.

Mehr als 30 Dörfer verteilen sich in der Gegend, die im jüngsten Heimatkrieg stark gelitten hat. Bekannt ist die Region für ihre alten Volkstrachten und Brauchtümer, die in der größten Ortschaft Čilipi stolz jeden Sonntag beim Tanz präsentiert werden.

Der ruhige Badeort Molunat wird von zwei Buchten eingefasst, die Sonnenuntergänge sind hier traumhaft! Wer Geduld hat, den spärlich beschilderten Wegen zu folgen, findet in der Gegend mittelalterliche Grabsteine (»stećci«), die, gemeinsam mit vergleichbaren Funden in den Nachbarländern, von der UNESCO in die Welterbe-Liste aufgenommen wurden, z. B. 2 km außerhalb von Dubravka, an der Kirche Sv. Barbara.

 Sehenswert

Konavle-Heimatmuseum, Čilipi
| Museum |

Das Zavičajni muzej Konavala in der Ortsmitte von Čilipi zeigt typische Trachten der Region, Stickereien und Wollverarbeitung. Im jüngsten Krieg brannte das Gebäude bis auf die Grundmauern ab, ein Teil der Exponate konnte in der Zisterne versteckt und so zum Glück gerettet werden.

■ Beroje 49, Čilipi, www.migk.hr, Di–Sa 9–17, So 9–12 Uhr, 25 HRK

Sokol grad, Dunave
| Festung |

 Unterschätzte Klippenfestung über dem Konavle-Tal

Nichts wie hin, ehe alle kommen: Die hübsch restaurierte Festung thront auf 25 m hohen Klippen, hoch über dem Konavle-Tal (440 m). Im 14. Jh. errichtet, hatte sie eine ganz besondere strategische Bedeutung: Sie war Europas letzter Vorposten vor dem Osmanischen Reich. Nach dem steilen Aufstieg wird man mit einem hübschen Ausblick auf das Konavle-Tal belohnt oder nippt einen Espresso im Dachcafé.

■ Dörfchen Dunave, www.citywalls dubrovnik.hr, Juni–Okt. tgl. 9–19, Nov.–März 9–15 Uhr, 70 HRK, erm. 30 HRK

Oštri rt, Halbinsel Prevlaka
| Aussichtspunkt |

Schmal, unbewohnt und mit Macchia bewachsen, ragt Kroatiens südlichster Ausläufer in die Adria hinein: Über die 2,6 km lange Halbinsel Prevlaka führt eine einspurige Stichstraße mit nur wenigen Ausweichbuchten, die am felsigen Kap Oštri rt mündet. Dort markiert eine marode österreichische Festung auf Klippen (Mitte 19. Jh.) die Südspitze Kroatiens, bis 2023 soll hier mit EU-Mitteln ein Seefahrtsmuseum entstehen. Der Ausblick auf die Bucht von Kotor und das Festungsinselchen Mamula lohnt die Anreise! Im sozialistischen Jugoslawien war die Halbinsel Prevlaka Militärbasis, im Heimatkrieg der 1990er-Jahre umkämpft: Erst 2002 zog die UN ihre Beobachtermission dort ab – jedoch wurde das endgültige

Abkommen über die Meeresgrenze zwischen Montenegro und Kroatien bis heute nicht unterzeichnet.
■ Beschilderung, 1 km vor dem Grenzübergang Vitaljina, Richtung Park Prevlaka, dann Oštri rt

Restaurants

€€ | **Agroturizam Kameni mlin** Neueres, rustikales Ethno-Ausflugsrestaurant im traditionellen Konavle-Stil mit altem Mühlstein und traditioneller, vorzüglicher Hausmannskost. ■ Bistroće 3, Čilipi, Tel. 098/30 98 20, www.kameni-mlin.com, eine Tischreservierung wird empfohlen

(25) €€ | **Konavoski Dvori** In grüner Natur neben der alten Wassermühle am Fluss Ljuta isst man sehr gute, traditionelle Spezialitäten wie Pršut, Käse, Lamm auf Peka-Art, gegrillte Forelle und Aal. Dazu wird selbst gebackenes Brot serviert. ■ Ljuta bb, Ortschaft Ljuta, Tel. 020/79 10 39, www.esculaprestaurants.com, Sommer tgl. 11–23 Uhr

Events

Jeden Sonntagmorgen führt die Folkloregruppe Linđo auf dem Dorfplatz von Čilipi Tänze und alte Hochzeitsbräuche auf; an Ständen werden handgefertigte Tücher, Taschen und anderes Kunsthandwerk verkauft. ■ www.cilipifolklor.hr, Ostern–Okt. 11.15 Uhr, 45 HRK (inkl. Eintritt ins Heimatmuseum)

Sport

Der gut geführte **Reitstall Kojan-Koral** bietet organisierte Ausritte zu romantischen Orten an. ■ Popovići bei Gruda, Tel. 099/300 50 01, www.kojankoral.hr, Dauer: bis zu 4 Std.

Wandern

Fast noch ein Geheimtipp: Die frühere Trasse der K.-u.-k.-Schmalspurbahn »Ćiro«, die von 1901–68 Sarejevo mit der militärisch intensiv genutzten Bucht von Kotor in Montenegro verband, wurde modernisiert, 33 km des grenzüberschreitenden Radwanderwegs führen durch die Region Konavle. ■ Interaktive Karte: www.ciro.herzegovinabike.ba

In der Umgebung

Bucht von Kotor, Montenegro
| Meeresbucht |

Im Süden der Region Konavle geht die Adria-Magistrale ins Nachbarland Montenegro über: Am Grenzposten vorbei schlängelt sich die Trasse um die fjordähnliche Bucht von Kotor, die von schroffen Felshängen begleitet wird. Was für ein spektakulärer Anblick! Einen Stopp lohnt das Dörfchen Perast zu Füßen des 873 m hohen Berges Sveti Ilje: Schmucke Villen und enge Sackgassen prägen den Ort. Malerisch wirken die Kloster-, Festungs- und Friedhofsinseln in der Bucht. Herceg Novi, Kotor – mit Wehrmauer und Festung Sveti Ivan, zu der 1300 Stufen hinaufführen –, Tivat und Budva haben hübsche Altstädte und Strände! Die Fähre Lepetane–Kamenari (direkt an der Adria-Magistrale E65, 15 km von Herceg Novi) benötigt nur 15 Minuten und verkehrt im 15-Minuten-Takt: Wenn man nach Kotor oder Tivat möchte, spart man eine Stunde Fahrtzeit rund um die Bucht (www.ferry.co.me, 4,50 €/Auto).

Süddalmatien

 Übernachten

In Dubrovnik und Umgebung gibt es Hotels für jeden Geschmack: Luxusoasen mit Meerblick oder günstigere Touristenhotels, die ein wenig von der Altstadt entfernt sind. Ein guter Standort in Dubrovnik ist die Hotel-Halbinsel Lapad, mit ihrem beliebten Abschnitt Babin kuk, mit Stränden und guter Busverbindung in die Altstadt. Größere Hotels teilen Sie sich oft mit Reisegruppen. In den kommenden Jahren werden neue Strandhotels entlang der Riviera von Dubrovnik entstehen. Ruhiger geht es auf den Inseln zu: Auf den Elaphiten, Mljet und Lastovo gibt es nur vereinzelt Hotels, auf Korčula ist die Auswahl größer.

Neretva-Delta 96

€ | **Merlot** Angenehmes, modernes Hotel im Neretva-Delta, nahe der Autobahn A1 und der herzegowinischen Grenze. Gut für die Durchreise. Im Restaurant werden hauseigene Weine serviert. Parkplätze gibt es gegenüber.
■ Podgradina 179/1, 20355 Opuzen, Tel. 020/61 15 22, www.hotelmerlot.com.hr

Halbinsel Pelješac 98

€€ | **Gästehaus Mimbelli** Die vier Zimmer (und ein Apartment) in der Kapitänsvilla Gurić (1885) an der Uferpromenade sind geschmackvoll und thematisch eingerichtet (z. B. »Olive«). Parkplätze vor dem Haus (Zufahrt über die Fußgängerzone). ■ Trg Mimbelli 6, 20250 Orebić, Tel. 099/734 26 76, www.mimbelli-orebic.com

ADAC Das besondere Hotel

Leuchtturm, Insel Palagruža
Auf halbem Weg nach Italien erstreckt sich eine einsame, kleine Felseninsel: Palagruža. Auf deren 90 m hohen Bergrücken führt eine steile Treppe hinauf zum Leuchtturm. Dort können sich je vier Gäste in zwei Ferienwohnungen einquartieren. Der Leuchtturmwärter hilft, den Koffer mit einem Lift auf den Berg zu ziehen und wirft auf Wunsch den Grill an. Zwei Spazierwege führen über die nur 1,4 km lange Insel. Einkaufen? Geht hier nicht. Internet? Gibt es nicht, also ideal für eine Digital Detox-Diät.
€€ | *Leuchtturm Tel. 021/39 06 09, www.lighthouses-croatia.com*

Übernachten

Insel Korčula 101

€€€ | **Aminess Liburna** Das modernisierte Urlaubshotel (112 Zi.) mit Terrasse, Pool und kleinem Strandabschnitt blickt direkt auf die schöne Altstadt von Korčula. ■ Put od luke 17, 20260 Korčula (Stadt), Tel. 020/72 63 36, www.aminess.com

€€€ | **The Fabris Luxury Inn B&B** In einem hübsch restaurierten Steinhaus in der Altstadt zu übernachten, hat durchaus Flair – aber leider auch seinen Preis. Dafür sind Sie (fast) mittendrin. Nur öffentliche Parkplätze! ■ Hrvatske bratske zajednice 6, 20260 Korčula (Stadt), Tel. 020/71 67 55

Dubrovnik und Umgebung 104

€€ | **B&B Andio** Geschmackvolle Zimmer in einer recht ruhigen Seitengasse des Stradun. Nur empfehlenswert, wenn Sie keinen Parkplatz benötigen und steile Treppen kein Problem sind. ■ Kunićeva 4, 20000 Dubrovnik, Tel. 099/422 87 47

€€ | **Ivka** In dem zweckmäßigen Stadthotel mit geräumigen Zimmern steigen auch Reisegruppen gerne ab. Gutes Frühstück, kostenlose Tiefgarage, Busverbindung in die Altstadt. ■ Ul. od svetog Mihajla 21, 20000 Dubrovnik, Tel. 020/36 26 00, www.hotel-ivka.com

€€€ | **Berkeley** Familiengeführtes Hotel in der Nähe des Hafens Gruž mit stilvollen Zimmern, Pool und Tiefgarage. Mit dem Bus kommt man gut in die Altstadt. ■ Andrije Hebranga 116 a, 20000 Dubrovnik, Tel. 020/49 41 60, www.berkeleyhotel.hr

€€€ | **One Suite Hotel** Top-modernes Hotel im Badeort Srebreno an der sogenannten Riviera von Dubrovnik, mit Garten, Pool und Bio-Frühstück. In der Nebensaison faire Preise. Tiefgarage gegen Aufpreis (10 €/Tag). ■ Šetalište dr. Franje Tuđmana 1, 20207 Mlini, Tel. 020/22 20 00, onesuitehotel.com

Elaphitische Inseln 113

€€€ | **Lafodia Sea Resort** Von außen sozialistische Blockbauweise, von innen ein angenehm modernes Design-Hotel mit Pool und Kiesstrand. Im Wellness-Zentrum verwöhnen Essenzen mit lokalen Zitrusfrüchten, Honig oder Lavendel von der Insel die Haut. Auch Familien schätzen das Resort. ■ Obala Iva Kuljevana 51, 20222 Lopud, Tel. 020/45 03 00, www.lafodiahotel.com

Cavtat und Umgebung 116

€€–€€€ | **Supetar** Dalmatinisches Steinhaus (28 Zi., teils kleiner) direkt am Hafen und der Promenade. Buggy-Service zum Parkplatz. ■ Obala dr. Ante Starčevića 27, 20210 Cavtat, Tel. 020/30 03 00, www.adriatickluxuryhotels.com

€€–€€€ | **Konavle** Modernes, angenehmes Hotel an der Hauptstraße. Nur 5 Min. Fahrzeit vom Flughafen Dubrovnik, ideal für späte Ankunft oder frühen Abflug. ■ Bistroće 67, 20213 Čilipi, Tel. 020/44 17 00, www.hotelkonavle.com

€€€ | **Remisens Hotel Epidaurus** Das vor allem bei französischen Pauschalurlaubern beliebte Strandhotel mit Pool wurde kürzlich saniert. Parkplätze inbegriffen. Unbedingt Meerblick buchen! ■ Od Žala 1, 20210 Cavtat, Tel. 020/35 05 55, www.remisens.com

Entdecke neue Abenteuer und Ausflüge vor deiner Haustür

gleich Neues entdecken

GREEN  ADVENTURES

Das neue Online-Portal für die spannendsten Aktivitäten in deiner Umgebung

Auf greenadventures.de verraten dir die bekanntesten **Outdoor-Bloggerinnen und -Blogger** ihre besten Tipps für **besondere Naturerlebnisse** in ganz Deutschland. Ob Biken auf dem Gipfeltrail Hochschwarzwald, die Thüringer Drachenschlucht erkunden oder Kraniche im Moor beobachten – **überall gibt es Neues zu entdecken**. GREEN ADVENTURES zeigt dir, wo und wie!

| Wandern | Radfahren | Rund ums Wasser | Überraschendes | In Eis und Schnee | In deiner Region |

greenadventures.de

ADAC Service Dalmatien

Beim **ADAC Infoservice**, in den **ADAC Geschäftsstellen** sowie auf dem **Internetportal des ADAC** (adac.de) erhalten Sie Informationen zu den Dienstleistungen des Automobilclubs und zu Ihrem Reiseziel. So können Sie sich von der **ADAC Trips App** (adac.de/services/apps/trips) via Smartphone oder Tablet-PC inspirieren lassen oder als **ADAC Mitglied** das kostenlose **ADAC Tourset® Dalmatien** (adac.de/reise-freizeit/reiseplanung/tourset) mit vielen Reiseinfos und Karten anfordern. Bei Pannen und Notfällen steht Ihnen unser Team rund um die Uhr telefonisch und digital zur Verfügung.

ADAC Info-Service
T 0800 510 1112
Infos zu allen ADAC Leistungen
(Mo–Sa 8–20 Uhr, gebührenfrei)

ADAC Pannenhilfe Deutschland
T 089 20 20 40 00, Mobil 22 22 22
(Verbindungskosten je nach
Netzbetreiber/Provider)

ADAC Ambulanzdienst
T 089 76 76 76
(Erkrankung, Unfall, Verletzung,
Transportfragen, Todesfall)

ADAC Pannenhilfe Ausland
T +49 89 22 22 22
(Verbindungskosten je nach
Netzbetreiber/Provider)

Online-Angebote des ADAC für Ihre Reiseplanung

Service	Webadresse
Reiseinspirationen, -planung und -hinweise	adac.de/reise-freizeit/reiseplanung
Aktuelle Verkehrslage	adac.de/verkehr
Individuelle Routenplanung	adac.de/maps
Infos zu Tankstellen und Spritpreisen	adac.de/tanken
Infos zu mautpflichtigen Strecken	adac.de/reise-freizeit/maut-vignette
Infos zu Fährverbindungen	adac.de/faehren
Aktuelle Infos vor Reiseantritt	adac.de/tourmail
Informationen für Camper	adac.de/camping
Informationen für Motorrad- und Oldtimerfahrer	adac.de/reise-freizeit/reisen-motorrad-oldtimer
Informationen für Segler und Skipper	skipper.adac.de
ADAC Reiseangebote	adacreisen.de
ADAC Autovermietung	adac.de/autovermietung
ADAC Versicherungen für den Urlaub	adac.de/versicherungen
Weltweite Preisvorteile für ADAC Mitglieder	adac.de/vorteile-international
Telemedizinische Beratung	adac.de/meinmedical

Diese **Produkte des ADAC** könnten Sie interessieren: **ADAC Reiseführer Istrien und Kvarner-Bucht**, **ADAC Reiseführer Korfu** und **ADAC Campingführer Südeuropa** – erhältlich im Buchhandel, bei den ADAC Geschäftsstellen und in unserem ADAC Online-Shop (adac.de/shop).

Dalmatien von A–Z

 Anreise und Einreise

Auto
Die schnellste Route nach Dalmatien verläuft ab München über Salzburg, Villach und Ljubljana (Slowenien), von dort geht es nach Zadar, Šibenik und Split. Von Wien reist man über Maribor (Slowenien) und Zagreb (Kroatien) an die kroatische Adria. Ab Zürich ist die Strecke via Triest (Italien) und Rijeka (Kroatien) die schnellste. In den Transitländern herrscht **Vignettenpflicht** auf Autobahnen: Die Zehn-Tages-Vignette für Österreich kostet rund 9,60 € (Pkw), hinzu kommen **Tunnel-Sondergebühren;** in Slowenien werden 15 € für die Wochenvignette (Pkw) fällig (sie ist auch als Digitale/E-Vignette erhältlich). Die Maut auf kroatischen Autobahnen ist nach Entfernung gestaffelt (dazu mehr auf S. 126 unter »Maut«).
Wer nach Süddalmatien reist, muss seit diesem Jahr nicht mehr entlang der Adria-Magistrale durch den »Korridor von Neum« (Bosnien und Herzegowina): Stattdessen soll der Autoverkehr ab Sommer 2022 über die 2,5 km lange Schrägseilbrücke auf die Halbinsel Pelješac und weiter nach Süddalmatien rollen. Über neue Streckenabschnitte der Autobahn in den Süden informiert Hrvatske autoceste (www.hac.hr).

Entfernungen

München–Zadar	750 km
München–Dubrovnik	1060 km
Köln–Split	1450 km
Hamburg–Zadar	1540 km
Wien–Šibenik	700 km
Zürich–Zadar	1050 km
Zadar–Split	150 km
Split–Dubrovnik	240 km

Bahn
Wer Zeit und Geduld mitbringt, kommt auch mit der Bahn nach Dalmatien: Für die Fahrt von München nach Zagreb muss man etwa neun Stunden Fahrtzeit einplanen (Europa-Sparpreis bei frühzeitiger Buchung, www.bahn.de), im Sommer verkehrt der Nachtzug »Lisinski« täglich auf dieser Strecke (Buchung über www.oebb.at). Die Weiterfahrt von Zagreb nach Split dauert rund sieben Stunden. Wer nur eine Teilstrecke mit dem Zug zurücklegen möchte, kann im Sommer den Nachtzug Zagreb–Split nehmen, mit Auto- und Motorradtransport (Infos bei den Kroatischen Eisenbahnen: www.hzpp.hr).

Bus
Das Fernbusnetz in Kroatien ist gut ausgebaut, es gibt ganzjährig viele internationale Verbindungen. Für die Anreise nach Split muss man ab München rund 15 Stunden einplanen. Anbieter sind z. B. Eurolines (www.eurolines.de), Flixbus (www.flixbus.de) und ab der Schweiz Zelić Reisen (www.zelicreisen.ch). Tickets ab 30 € (einfach).

Flugzeug
Internationale Flughäfen gibt es in **Zadar** (ZAD), **Split** (SPU), **Dubrovnik** (DBV) und auf der Insel **Brač** (BWK): Diese werden von Linien- und Charterfliegern angeflogen, Brač jedoch nur im Sommer. Neben der nationalen Fluggesellschaft Croatia Airlines steuern derzeit u. a. Lufthansa, Eurowings, Ryanair und Easyjet Dalmatien an (Flugzeit Hamburg–Dubrovnik 2 Std. 15 Min., Düsseldorf–Split 2 Std.). An allen Flughäfen gibt es Taxistände. In Zadar, Split und Dubrovnik stehen Mietwagen und offizielle Shuttle-Busse ins Zentrum zur Verfügung, es gibt aber auch Verbin-

Dalmatien von A–Z

dungen z.B. von Dubrovnik nach Korčula. Die Abfahrtszeiten sind auf die Flugpläne abgestimmt. Oft sind Pauschalreisen günstiger als die getrennte Buchung von Flug und Unterkunft.

Einreise und Dokumente

EU-Bürger und Schweizer, die sich bis zu 90 Tage in Kroatien aufhalten, benötigen einen gültigen (auch vorläufigen) **Personalausweis** oder **Reisepass**. Für Kinder ist ein eigenes Ausweisdokument erforderlich. Im Falle eines Diebstahls oder Verlustes ist es hilfreich, im Vorfeld eine Kopie der Dokumente angefertigt zu haben.

Gegenwärtig gibt es infolge der **Corona-Pandemie** Einreiseformulare, die bereits zu Hause und auf Deutsch ausgefüllt werden können (enter croatia.mup.hr). Kroatien steht kurz vor dem Beitritt zum Schengen-Abkommen. Bis es so weit ist, werden an den Grenzen jedoch nach wie vor **Personen- und Fahrzeugkontrollen** durchgeführt.

 Auto- und Straßenverkehr

Führerschein und Papiere

Wer mit dem Auto unterwegs ist, benötigt einen **nationalen Führerschein**. Vergessen Sie den **Fahrzeugschein** nicht, wenn Sie mit dem eigenen Auto anreisen. Ein **Nationalitätskennzeichen** ist nur erforderlich, wenn Ihr Auto kein Euro-Nummernschild hat. Die Mitnahme der **grünen Versicherungskarte** ist nicht mehr Pflicht, kann bei Unfällen aber die Abwicklung erleichtern. Auch wer Ausflüge ins benachbarte Montenegro oder nach Bosnien-Herzegowina plant, benötigt nach wie vor die grüne Versicherungskarte, die übrigens längst schwarz-weiß ist.

Verkehrsvorschriften

Die **Promillegrenze** liegt bei 0,5. Für Fahrer unter 25 Jahre herrscht absolutes Alkoholverbot. Ende Oktober bis Ende März sind auch tagsüber eingeschaltete **Scheinwerfer** vorgeschrieben (Motorräder ganzjährig). Beim Überholen muss der Blinker während des gesamten Überholvorgangs eingeschaltet bleiben. Der ADAC empfiehlt die Mitnahme eines **Ersatz-Glühlampensets** (außer bei Xenon-, LED- oder Neon-Scheinwerfern).

Tempolimits in Kroatien

Straße	Tempolimit
Autobahn	max. 130 km/h
Schnellstraße	max. 110 km/h
Landstraße	max. 90 km/h
Ortschaft	max. 50 km/h

Für **Fahrer unter 25 Jahre** reduziert sich das maximal zulässige Tempo außerorts um jeweils 10 km/h (max. 120/100/80 km/h). Mit **Radarkontrollen** muss überall gerechnet werden!

Maut

Auf kroatischen Autobahnen (»autocesta«) fällt eine nach Entfernung und Fahrzeughöhe gestaffelte **Mautgebühr** (»cestarina«) an, z. B. Zadar–Dugopolje (Split) 60 HRK (Pkw). Fahrzeuge über 1,9 m Gesamthöhe (ohne Dachboxen und Aufbauten) werden höher bemautet, Motorräder hingegen geringer. Bei der Auffahrt wird ein Ticket gezogen, bei der Ausfahrt kann in Kuna, Euro sowie mit der Kredit- oder EC-Karte bezahlt werden. Mit dem **Routenplaner des ADAC** können Sie sich die Maut vorher ausrechnen lassen: maps.adac.de

Dalmatien von A–Z

Tanken

Die **Benzinpreise** unterscheiden sich landesweit nur geringfügig voneinander: Ein Liter Super Bleifrei (95 Oktan, »Eurosuper« genannt) kostet durchschnittlich 1,53 €/11,50 HRK und ein Liter Diesel (»Eurodiesel«, einfacher Diesel ist speziell für Lkw geeignet) 1,47 €/11 HRK (Stand: Januar 2022). Der Zusatz »BS« bedeutet »bez sumfora« (bleifrei). An einigen Tankstellen ist Eurosuper BS 100 (100 Oktan) erhältlich. Gefüllte **Reservekanister** dürfen nicht im Auto transportiert werden. **Tankstellen** haben in der Regel von 7–20, im Sommer bis 22 Uhr und an Autobahnen und wichtigen Straßen rund um die Uhr geöffnet. Bezahlt werden kann auch mit der Kredit- oder EC-Karte. Auf den Inseln gibt es oft nur eine einzige oder wenige Tankstellen: Daher schon beim Verlassen der Fähre ans Tanken denken (im Fährhafen gibt es immer eine Tankstelle)!

Parken

In den meisten Städten gibt es größere **Parkplätze** und **Parkhäuser.** Wer am Straßenrand parkt, sollte die **gestrichelten Linien** beachten, die einen kostenpflichtigen Parkplatz markieren. In der Regel gibt es **verschiedene Farbzonen** mit gestaffelter Gebühr und Parkhöchstdauer.
Bezahlt werden kann in der Regel bar an den Parkscheinautomaten (Tipp: Münzgeld sammeln und im Auto aufbewahren). Die **Zahlung mit dem Mobiltelefon** funktioniert in der Regel nur mit einer kroatischen Handynummer. Eine Alternative ist die mobile App »PayDo«, mit der man u. a. in Zadar, Šibenik, Split und Dubrovnik bezahlen kann. Für eine längere Parkzeit bieten sich zentrale, große Parkplätze oder -häuser an. An Strandparkplätzen (z. B. in Brela) gibt es oft nur Tagestickets. **Falschparker** werden rigoros abgeschleppt oder mit einer Parkkralle festgesetzt! Um das Fahrzeug wieder auszulösen, werden z. B. in Šibenik rund 400 HRK Abschleppplus rund 50 HRK Standgebühr pro Tag verlangt.

Panne und Unfall

Bewahren Sie bei Pannen oder Unfällen die Ruhe! Verlassen Sie Ihr Auto außerhalb geschlossener Ortschaften nur mit der reflektierenden **Warnweste**, sichern Sie die Gefahrenstelle mit einem **Warndreieck** ab. Unfälle mit Personenschäden müssen der **Polizei** gemeldet werden (Tel. 192) oder unter der **Euro-Notrufnummer** (Tel. 112). Wir empfehlen dies auch für Unfälle mit Blechschaden. Lassen Sie sich vor der Weiterfahrt von der Polizei eine **Schadensbestätigung** (»potvrda«) ausstellen. Das Ausfüllen des Europäischen Unfallberichts erleichtert die Schadensabwicklung; mehrsprachige Vordrucke sind beim ADAC erhältlich.
Die **Pannenhilfe** des kroatischen **Automobilklubs HAK** (Rufnummer 1987, ausländische Handys: Tel. +385 1 1987) und die des **ADAC** (Tel. +49 89 22 22 22) sind rund um die Uhr erreichbar.

Barrierefreies Reisen

Bevor Sie buchen, sollten Sie sich genau nach den Gegebenheiten vor Ort erkundigen, z. B. ob die Unterkunft im Erdgeschoss liegt. Einige Städte wie Šibenik oder Dubrovnik haben Treppengassen, viele Dörfer in Dalmatien sind in den Hang hineingebaut. Betonierte Strände verfügen oftmals über praktische Einstiegsleitern ins Wasser,

Strände mit der »Blauen Flagge« haben einen barrierefreien Strandabschnitt. Ausgewiesene Behindertenparkplätze gibt es überall in Dalmatien.

Kroatischer Verband für Menschen mit körperlichen Behinderungen:
- Šoštarićeva 8, 10000 Zagreb, Tel.+385 (0) 1/4812004, www.hsuti.hr

Diplomatische Vertretungen

Die Auslandsvertretungen Ihres Heimatlandes helfen bei Verlust von Reisedokumenten oder Problemen mit den kroatischen Behörden.

Deutsche Botschaft Zagreb
- Ulica grada Vukovara 64, 10000 Zagreb, Tel. +385 (0) 1 630 01 00 und in Notfällen mobil +385 (0) 98 22 71 36 (auch per SMS), www.zagreb.diplo.de

Österreichische Botschaft
- Radnička cesta 80 (»Zagreb-Tower«), 9. Stock, 10000 Zagreb, Tel. +385 (0) 1 488 10 50, www.aussenministerium.at/zagreb

Schweizerische Botschaft
- Ulica Augusta Cesarca 10 (»Ban-centar«), 2. Stock, 10000 Zagreb, Tel. +385 (0) 1 487 88 00, www.eda.admin.ch/zagreb

Einkaufen und Märkte

Zahlreiche Einkaufstipps finden sich im Innenteil des Reiseführers. **Grünmärkte/Bauernmärkte** sind ein besonderes Erlebnis: Dort gibt es regionales Obst, Gemüse, aber auch Liköre, Schnäpse, Feigen, Lavendelsäcke oder kandierte Orangenschalen (»arancini«). Auf **Fischmärkten** geht es am Vormittag lebhaft zu.

Kulinarische Leckereien sind ein perfektes Mitbringsel aus Dalmatien! Kaum ein touristischer Ort, der nicht über einen Delikatessenladen verfügt! Auch auf dem Markt wird man fündig. Vorzügliche **Rotweine** gibt es auf der Halbinsel Pelješac, Zadar ist für seinen klaren **Maraschino-Kirschlikör** berühmt, **Meersalz** wird in den Salinen von Pag, Nin und Ston gewonnen und nicht nur dort angeboten. **Pager Spitzen** sind nicht günstig, aber mit dem Kauf, am besten direkt vor Ort, unterstützen Sie die Tradition. Hvar ist die **Lavendelinsel,** an vielen Ständen gibt es entsprechende Mitbringsel. In Museumsläden findet sich oft hübsches **Kunsthandwerk** lokaler Künstler.

Feiertage

Gesetzliche, arbeitsfreie Feiertage in Kroatien: 1. Januar (Neujahr), 6. Januar (Hl. Drei Könige), Ostersonntag und -montag, 1. Mai (Tag der Arbeit), 30. Mai (Nationalfeiertag), Fronleichnam (Mai/Juni), 22. Juni (»Tag des antifaschistischen Kampfes«), 5. August (»Tag des Sieges, der heimatlichen Dankbarkeit und der Verteidiger Kroatiens«), 15. August (Mariä Himmelfahrt), 1. November (Allerheiligen), 18. November (Gedenktag für die Opfer des Heimatkrieges) sowie 25. und 26. Dezember (Weihnachten).

Geld und Währung

Landeswährung ist die **Kroatische Kuna** (»Marder«, da im Mittelalter Tierfelle Zahlungsmittel waren).
1 Kuna (HRK oder Kn) ist in 100 Lipa (»Linde«) unterteilt. Im Umlauf sind Scheine im Wert von 10, 20, 50, 100, 200, 500 und 1000 Kuna, Münzen im

Festivals und Events

Februar/März
Fest des hl. Blasius (Dubrovnik, 3. Feb., 11.30 Uhr) – Zu Ehren des Schutzpatrons Sveti Vlaho findet eine große Prozession statt.
Karneval/Lastovski poklad (Insel Lastovo) – Die närrische Zeit wird auf Lastovo mit Büßer-Puppe, die vom Berg abgeseilt wird, gefeiert.

März/April
Osterprozession »Za križen« (Insel Hvar, Gründonnerstag ab 22 Uhr) – Zeitgleich startet die Kreuzprozession in sechs Dörfern und dauert die ganze Nacht.

Juni–September
Moreška-Schwerttanz (Korčula-Stadt, Mo/Do je 21 Uhr) – Traditionelle Volkstänze mit scharfen Klingen werden seit Jahrhunderten getanzt.

Juni
Internationales Kinderfestival Šibenik (http://mdf-sibenik.com) – Zwei Wochen dreht sich alles um den Nachwuchs: Musik, Theater, Straßenkünstler.

Juli
Festival der dalmatinischen Klapa-Gesänge (Omiš, http://fdk.hr) – Die besten A-Capella-Männerchöre des Landes treten gegeneinander an.

Juli/August
Dubrovačke ljetne igre (10. Juli–25. Aug., www.dubrovnik-festival.hr) – Dubrovniker Sommerfestspiele – Festungen und Altstadt-Plätze werden zu stimmungsvollen Freilichtbühnen mit Konzerten, Musik, Ballett, Film.
Spliter Sommerfestival (14. Juli–14. Aug., http://splitskifestival.hr) – Schlager und Pop stehen bei einem der berühmtesten kroatischen Musikfestivals auf der Agenda.
Fischerfest (z. B. in Split, Termin bei der TZ erfragen) – Sardinen kosten, Chören lauschen oder eine Fahrt auf dem Fischerboot machen ...

Bunter Karnevalsumzug in Lastovo

August
Sinjska alka (Sinj, 1. Aug.-Wochenende, www.alka.hr) – Traditionelles Ringreiten mit großem Volksfest und Prozession.
Piratenschlacht von Omiš (www.visitomis.hr) – Nachgestellte Piratenschlacht im Stadthafen mit Segelbooten und kühnen Kämpfern.

Dezember/Januar
Advents-, Weihnachts- und Wintermärkte (Dez.–Anf./Mitte Jan. in Zadar, Split und Dubrovnik) – Budenzauber, Show-Bühnen und Glühwein mit Meerblick. Höhepunkt sind die Open-Air-Konzerte an Silvester (Hauptplatz).

Wert von 1, 2, 5, 10, 20 und 50 Lipa sowie von 1, 2 und 5 Kuna.

Viele Restaurants und Geschäfte weisen ihre Preise jetzt schon in **Euro** aus, der voraussichtlich 2023 eingeführt werden soll. Zahlen darf man bis dahin – per Gesetz – allerdings nur in der Landeswährung. Eine Ausnahme ist die Autobahnmaut, die von Nicht-Residenten in Euro beglichen werden darf. Durch die Anbindung an den Euro ist der Wechselkurs stabil.

Wechselkurse

(Stand: Januar 2022, www.oanda.com)

1 € / 1 CHF	7,5 HRK / 7,22 HRK
10 € / 10 CHF	75 HRK / 72 HRK
100 € / 100 CHF	750 HRK / 722 HRK
1 HRK	0,13 € / 0,14 CHF
10 HRK	1,32 € / 1,38 CHF
100 HRK	13,28 € / 13,38 CHF

Kroatische Kuna in bar können problemlos mit der EC- oder Kreditkarte am **Geldautomaten** abgehoben werden (Achtung: Je nach Kreditinstitut gibt es Beschränkungen bei der Abhebesumme). Geldautomaten findet man auch in kleineren Orten, auf Inseln gibt es nur wenige Bankomaten.

In **Wechselstuben** (»mjenjačnica«) können Sie Bargeld meist günstiger als in der Bank tauschen – in Touristenorten auch sonntags und am Abend. **Banken** haben Mo–Fr 7–19 und samstags nur am Vormittag geöffnet.

In den meisten Hotels, Restaurants, Geschäften und Tankstellen kann man mit **Kredit- oder EC-Karte** zahlen, in Privatunterkünften, kleineren Restaurants und Cafés oft nur in bar.

Kosten im Urlaub

(durchschnittliches Preisniveau)

Espresso	8–17 HRK / 1,06–2,26 €
Softdrink	20 HRK / 2,65 €
kleines Bier (0,33 l)	18 HRK / 2,42 €
Pizza	ab 40 HRK / ab 5,31 €
1 kg Edelfisch im Restaurant (Zuchtfisch/Wildfang)	250–400 HRK (Zucht) bzw. 450–650 HRK (Wildfang) 33,20–53,11 € (Zucht) bzw. 59,75–86,30 € (Wildfang)
1 Std. Parken (Straße)	ab 5 HRK / ab 0,66 €

Gesundheit

Bei Krankheit sollten Sie das nächste **Krankenhaus** (»bolnica«), Ärztehaus (»dom zdravlja«) oder eine Ambulanz (»ambulanta«) aufsuchen. Bei Tauchunfällen hilft der **Seenotruf** (Tel. 9155), **Druckkammern** gibt es in Zadar, Split und Dubrovnik. Im Krankheitsfall ist die Behandlung für EU-Bürger bei Vorlage der gesetzlichen Krankenversicherungskarte kostenlos: Auf der Rückseite ist die **Europäische Krankenversicherungskarte (EHIC)** integriert. Heben Sie Quittungen für Medikamente oder Zuzahlungen gut auf, um sie zur Rückerstattung bei der Krankenkasse einzureichen. Auch wenn die medizinische Versorgung in Kroatien solide ist, wird der Abschluss einer **privaten Auslandskrankenversicherung** mit Rückholservice empfohlen. Diese wird u. a. vom ADAC im Rahmen der Plus-Mitgliedschaft angeboten. Auch **Apotheken** (»ljekarna«) gibt es in fast allen Orten und auf den bewohnten Inseln.

Dalmatien von A–Z

Viele Ärzte und Apotheker verstehen Englisch, gelegentlich auch Deutsch. Falls Sie in abgelegenen Bergregionen wandern, sollten Sie gutes Schuhwerk tragen, da in Kroatien die **giftigen Horn- und Kreuzottern** auftauchen können – meist flüchten die scheuen Tiere jedoch, wenn jemand kommt.

Haustiere

Wer mit Hunden oder Katzen nach Kroatien reisen möchte, benötigt einen **EU-Heimtierausweis,** den Nachweis über eine gültige Tollwutimpfung sowie einen implantierten **Mikrochip** zur Kennzeichnung. Für Hunde besteht **Leinenpflicht,** in öffentlichen Verkehrsmitteln und für Kampfhunde gilt eine **Maulkorbpflicht.** Erkundigen Sie sich vor der Buchung Ihrer Unterkunft, ob Haustiere in der Anlage erlaubt sind (bisweilen gegen Aufpreis).

Information

Die Touristen-Informationen TZ/TZG/TZO (Tourismusverband/ Tourismusverband einer Stadt/Tourismusverband einer Gemeinde – Turistička zajednica/Turistička zajednica grada/Turistička zajednica općine) oder TIC (»Turistički informativni centar«) sind in diesem Reiseführer unter den jeweiligen Orten aufgeführt. Kommerzielle Tourismusagenturen heißen »Turist biro« oder ähnlich und vermitteln Privatunterkünfte und Ausflüge. Allgemeine Informationen erteilt die Kroatische Zentrale für Tourismus (www.croatia.hr, Facebook: @croatia):

Kroatische Zentrale für Tourismus

 Stephanstr. 13, 60313 Frankfurt/M., Tel. 069/238 53 50

 Hesseloherstr. 9, 80802 München, Tel. 089/22 33 44

 Liechtensteinstr. 22a, 1090 Wien, Tel. 01 585 38 84 (auch für Anfragen aus der Schweiz)

Klima und Reisezeit

In Dalmatien herrscht angenehmes **Mittelmeerklima:** Heiße, trockene Sommer und milde, aber regenreiche Winter prägen das Wetter der Küstenregion. Die wärmsten Monate sind Juni bis August, doch auch im September lässt es sich noch baden. Mit ein wenig Glück kann man auch im Oktober noch – zumindest einen Zeh – in die Adria eintauchen.

Der **Vorteil der Nachsaison:** Nicht nur an den Stränden geht es deutlich ruhiger als im Hochsommer zu. Die Hauptsaison bringt nämlich nicht nur Sonne und Badegarantie, sondern stellt Urlauber bisweilen auf eine harte Geduldsprobe: Wartekolonnen an den Grenzen, keine noch so kleine Parklücke in Sicht und Menschenschlangen vor dem Lieblingsrestaurant – von den oft drei- oder vierfach höheren Hotelpreisen im Juli und August ganz zu schweigen. Absoluter Höhepunkt ist der Zeitraum 5. bis 15. August, denn dann gibt es in Kroatien gleich zwei Feiertage.

Entspannter geht es im Frühjahr und Herbst zu, eine **ideale Reisezeit** mit milden Temperaturen, die zum Wandern, Klettern und Radfahren einladen. Die meisten Hotels in Badeorten, aber auch Restaurants, sind nur im Sommer geöffnet. Dubrovnik hat (fast) das ganze Jahr über Saison, ab Ende Oktober wird die Zahl der Charterflüge deutlich reduziert – dann wird es auch hier etwas ruhiger.

Dalmatien von A–Z

Klimatabelle Dalmatien (Split)

Monat	Luft (°C) max./min.	Wasser (°C)	Sonne (h/Tag)	Regentage
Jan.	11/6	12	4	8
Feb.	11/6	12	5	7
März	14/8	12	6	7
April	18/11	14	7	7
Mai	23/16	17	9	6
Juni	27/19	21	10	5
Juli	30/22	23	11	3
Aug.	30/22	24	10	3
Sept.	25/18	22	8	5
Okt.	20/14	20	7	7
Nov.	15/10	17	4	9
Dez.	11/7	14	3	9

Notfall

Die **Europäische Notrufnummer** gilt auch in Kroatien: Tel. 112 (s. dazu auch »Panne und Unfall« auf S. 127).

Öffnungszeiten

Die meisten **Geschäfte** haben montags bis freitags von 8 bis 20 Uhr geöffnet sowie am Samstagvormittag. In großen Supermärkten, Einkaufszentren und Shops in Touristenzentren können Sie meist länger einkaufen. In kleineren Orten schließen viele Geschäfte hingegen oft schon am Nachmittag. Üblich ist auch eine mehrstündige Mittagspause, gerade bei Museen. Viele **Kirchen** haben unregelmäßige Besucherzeiten und sind meist nur während der Gottesdienste (sowie davor und danach) geöffnet. Größere Kathedralen haben hingegen feste Öffnungszeiten, oft auch mit einer längeren Mittagspause. Grundsätzlich nimmt man es in puncto Öffnungszeiten nicht so genau. Wird das Wetter schlecht, bleiben **Museen** auf den kleinern Inseln bisweilen geschlossen. **Restaurants** öffnen in der Regel von 11/12 bis 23 Uhr, im Winter meist kürzer. In Badeorten dauert die Saison meist nur von Ostern/Mai bis September/Oktober, außerhalb dieser Zeit sind Hotels und Restaurants geschlossen.

Post

Öffnungszeiten: Die meisten Postämter (»Hrvatska pošta«) haben Mo-Fr von 7–19, samstags bis 13 Uhr, in Touristenzentren auch länger geöffnet. Das **Porto** für Postkarten (»razglednica«) beträgt beim Versand ins EU-Ausland 8,60 HRK. Briefmarken (»poštanska marka«) gibt es gelegentlich auch am Kiosk, in Tabak- und Zeitungsläden.

Rauchen und Alkohol

In öffentlichen Einrichtungen darf nicht geraucht werden. Kleinere Cafés können sich als Raucherkafé ausgeben, größere haben einen abgetrennten Raum oder eine Terrasse für Raucher. Der Verkauf **alkoholischer Getränke** und **Zigaretten** an Personen unter 18 Jahren ist verboten.

Sicherheit

Kroatien gilt als eines der sichersten Urlaubsländer Europas: Gewaltdelikte und Straßenkriminalität sind sehr selten. Dennoch sollten Sie nicht größere Mengen an Bargeld mit an den Strand nehmen. Im Ernstfall erreichen Sie die

Polizei unter Tel. 192. Falls Ihnen Ihre Kreditkarte abhanden kommt, sollten Sie unbedingt die zentrale **Kartensperrnummer** anrufen: +49 116 116.

Stets zu beachten sind **Minenwarnschilder!** In ganz Kroatien gibt es derzeit noch 12 000 Warnschilder (»Oprez! Mine«). Vor allem im Hinterland von Zadar, in der dünn besiedelten Bergregion Lika, aber auch in anderen Gegenden, die im Krieg umkämpft waren, sind die Minenräumarbeiten noch nicht abgeschlossen. Mithilfe von EU-Mitteln soll Kroatien bis 2028 minenfrei werden.

Sport

Die kroatische Küste ist ein Traum für **Wassersportler:** Privatstrände gibt es kaum, Schwimmen ist fast überall möglich. **Schnorcheln, Tauchen, Kanu-, Kajak-, Bootfahren** oder **Stehpaddeln** (SUP) stehen hoch im Kurs. Omiš gilt mit dem Fluss Cetina als **Rafting**-Hochburg. Tauchgänge sind auch zu versunkenen Schiffswracks (z. B. bei Cavtat) möglich. Wer gerne segelt, findet in Dalmatien sein Paradies – etwa im Kornati-Archipel. Viele Anbieter vermieten **Segelboote** mit (und ohne) Skipper. Eine Liste der 22 Marinas des Adriatic Croatia International Club (ACI) in Kroatien ist online abrufbar: www.aci-marinas.com/de.

An Land bietet Dalmatien ideale Bedingungen zum **Radfahren, Klettern, Reiten** und **Tennisspielen.** Eine schöne Radtour führt z. B. um den Vrana-See; und ab Skradin kann man den Nationalpark Krka mit dem Rad entdecken. E-Bikes sind ebenfalls verbreitet. Im Hinterland der Küste und auf den Inseln gibt es wunderbare **Wanderwege:** Aussichtsreiche Gipfel versprechen das Paklenica-Gebirge nördlich von Zadar oder das Biokovo-Gebirge an der Makarska Riviera. Bei allen Ausflügen und Wanderungen gilt: Reichlich Wasser mitnehmen, vor allem im kargen Kalkgebirge, in dem es im Hochsommer kaum Schatten gibt.

Strom und Steckdose

Steckdosen-Adapter sind nicht erforderlich, da die Netzspannung dieselbe ist wie daheim.

Telefon und Internet

Roaming-Gebühren für die Handynutzung fallen im EU-Land Kroatien nicht mehr an. Aber: Im Konavle wählt sich das Handy gerne ins Netz von Bosnien und Herzegowina oder Montenegro ein. Das kann teuer werden!

Internationale Vorwahlen
- Kroatien 00385
- Deutschland 0049
- Österreich 0043
- Schweiz 0041

Anrufer aus dem Ausland wählen die Ländervorwahl 00385 für Kroatien, anschließend die Ortsvorwahl, jedoch ohne Null am Anfang. Wer Ausflüge in die Nicht-EU-Länder Bosnien und Herzegowina oder Montenegro plant (oder sich im Grenzgebiet aufhält), sollte sich vorab nach den Roaming-Kosten erkundigen.

Die meisten Cafés, Restaurants und Hotels bieten ihren Gästen einen kostenlosen **WLAN**-Zugang (»free WiFi«), das Password kann auf dem Quittungsbeleg stehen. Viele Städte bieten kostenloses WLAN in Museen oder Sehenswürdigkeiten.

Umgangsformen

Beim Bezahlen im Restaurant ist es nicht üblich, die **Rechnung aufzuteilen.** Stattdessen legt man in der Gruppe zusammen oder reicht die Zeche von Runde zu Runde diskret weiter. Wer mit dem Service im Restaurant zufrieden war, hinterlässt ein **Trinkgeld** (5–10 %). Auch Taxifahrer, Hotelpagen oder Zimmermädchen freuen sich über eine kleine Aufmerksamkeit. Der jüngste Krieg hat immer noch tiefe Spuren hinterlassen – umschiffen Sie **politische Diskussionen** mit den Einheimischen lieber elegant.

Nacktbaden ist an ausgewiesenen **FKK-Stränden** gestattet, die zumindest bei Kroatien-Besuchern aus dem Ausland eine lange Tradition haben. Nackter Oberkörper in der Stadt? Bitte nicht! In **Kirchen und Klöstern** gilt: Keine Tops mit Spaghetti-Trägern, am besten ein Tuch mitnehmen und Schultern damit bedecken (werden mancherorts auch ausgeliehen).

Unterkunft und Hotels

Dalmatien bietet eine breite Palette an Unterkünften: von schlichten Zimmern bis zum Luxushotel. In der Hauptreisezeit ist eine Reservierung, etwa über www.booking.com oder www.airbnb.de, sinnvoll. Wenn Sie nur an einem Ort bleiben möchten, kann die Buchung einer **Pauschalreise** mit Flug und Hotel günstiger sein als eine individuell gestaltete Reise.

Die **Kurtaxe** beträgt bis zu 10 HRK pro Nacht (ab 12 Jahre). Viele Ferienanlagen und Strandhotels sind im Winter geschlossen und öffnen erst an Ostern oder im Mai. In größeren Städten findet sich ganzjährig eine Unterkunft.

Hotels und Hostels

Im Juli und August explodieren die **Hotelpreise,** selbst Drei-Sterne-Hotels erreichen dann das Preisniveau von Luxushotels. Das gilt vor allem für die begehrten Reiseziele Dubrovnik und Hvar (Stadt). In der Nebensaison kann man auch in Luxushotels bisweilen zu angemessenen Preisen übernachten!

In den vergangenen Jahren sind viele private **Hostels** entstanden, die meist auch Einzel- und Doppelzimmer anbieten und vom Komfort mit Gästehäusern und B&B-Häusern vergleichbar sind. Empfehlenswerte Adressen finden Sie im vorderen Teil des Buches auf S. 40, 60, 92 und 121.

Privatzimmer und Agrotourismus

Sehr gefragt sind **private Zimmer** (»sobe«) und Apartments/Ferienwohnungen (»apartmani«), die zweckmäßig oder luxuriös sind. Wenn der Vermieter in der Nähe lebt, kann oft auch ein Frühstück gebucht werden. Vor Ort zu buchen empfiehlt sich in der Hauptsaison nicht. Im Zweifelsfall helfen die Touristinformationen weiter.

Nicht ganz so verbreitet wie in Istrien ist **Agrotourismus** (Beschilderung: »agroturizam« oder »stancija«) – hier übernachtet man bei Direktvermarktern auf Mini-Bauernhöfen.

Camping

Dalmatien ist auch ein beliebtes **Camping-Ziel:** Vom luxuriösen Bungalow bis zum FKK-Campingplatz reicht das Angebot. Wildes Zelten und das Übernachten im Caravan auf Parkplätzen sind nicht gestattet (scharfe Kontrollen!). Nähere Infos im **ADAC Campingführer** (www.pincamp.de) sowie beim kroatischen Campingverband (www.camping.hr).

Dalmatien von A–Z

Verkehrsmittel im Land

Bahn und Bus
Das **Bahnnetz** in Dalmatien ist dürftig. Entlang der Küste gibt es keine durchgehende Zugverbindung, ein Regionalzug verkehrt z. B. von Šibenik nach Knin. Interessant ist der **Nachtzug Zagreb–Split,** der die Mitnahme von Autos ermöglicht. Zwischen Split und Dubrovnik existiert kein Bahnnetz, ein Regionalzug verkehrt nach Knin.

Das **Busnetz** ist hingegen gut ausgebaut. Fahrpläne und **Online-Tickets** gibt es unter www.arriva.com.hr (auch auf Deutsch) oder am Schalter. Preisbeispiele: Bus Zadar–Split 89 HRK (3,5 Std., 170 km); Split–Dubrovnik 144 HRK (4,5 Std., 230 km).

Fähren
Von vielen Küstenstädten verkehren **Autofähren** (trajekt) und **Personenschnellboote** (katamaran): Zadar ist der wichtigste Fährhafen in Norddalmatien und bietet Verbindungen zu vielen Inseln, aber auch nach Pula in Istrien. Von Split und Dubrovnik aus gelangt man auf viele Inseln Mittel- und Süddalmatiens. Die meisten Verbindungen sind in Hand der staatlichen Reederei Jadrolinija (www.jadrolinija.hr). Einzelne Strecken ab Zadar werden von G&V (www.gv-zadar.hr) und Miatours (www.miatours.hr) betrieben. Bei der Fährreise einen Zeitpuffer einplanen (S. 144).

Mietwagen
Zum Mieten eines Fahrzeugs muss der nationale Führerschein vorgelegt werden. Eine **Kreditkarte** (keine EC-Karte!), die mit einer Kaution belegt wird, ist unbedingt erforderlich. ADAC Mitglieder erhalten von der **ADAC Autovermietung** günstige Konditionen. Eine Vollkaskoversicherung ohne jegliche Selbstbeteiligung wird empfohlen. Wer mit dem Mietwagen den »Korridor von Neum« passiert, muss dies bei Vertragsabschluss unbedingt angeben. Einige Verleiher berechnen dafür eine Extra-Gebühr. Wer eine Fähre nutzen möchte, wird ebenfalls mit einem Aufpreis zur Kasse gebeten. Einige Anbieter haben Pauschalpreise für die Grenzüberschreitung.

E-Mobilität
Wer mit dem eigenen Elektrofahrzeug oder E-Bike unterwegs ist, findet eine Karte mit **E-Tankstellen** in Dalmatien auch online unter de.chargemap.com.

Taxis
Wer nicht selbst fahren möchte, kann auf einen Shuttle-Service (Abholung am Flughafen) zurückgreifen, den viele Hotels anbieten. **Taxistände** findet man in größeren Städten z. B. am Busbahnhof. Für den Transfer vom Flughafen von Dubrovnik in die Altstadt muss man mit 220–270 HRK rechnen. Cammeo (www.cammeo.hr, App) ist ein wenig günstiger. Beim Start werden, je nach Stadt und Anbieter, bis zu 40 HRK fällig (plus Nachtaufschlag). Pro Gepäckstück werden oftmals rund 5 HRK extra berechnet. Darauf achten, dass das **Taxameter** eingeschaltet ist.

Zollbestimmungen

Der persönliche Warenverkehr innerhalb der EU ist abgabenfrei (www.zoll.de). Beschränkungen gibt es noch bei Tabakware (800 Zigaretten, max. 90 Wein) und einigen anderen hochbesteuerbaren Waren. Für die **Schweiz** siehe www.bazg.admin.ch.

Die Geschichte Dalmatiens

4./3. Jh. v. Chr. Griechische Siedler lassen sich in Vis und Trogir nieder.

1. Jh. n. Chr. Die Römer unterwerfen die Delmater und gründen die Provinz Dalmatien mit der Hauptstadt Salona.

305 n. Chr. Kaiser Diokletian bezieht seinen Altersruhesitz in Split.

6./7. Jh. n. Chr. Slawische Stämme dringen von den Karpaten südwärts; Awaren zerstören Salona (Solin) und Epidaurus (Cavtat).

925 Tomislav wird erster kroatischer König, er vereinigt Pannonien und Dalmatien zu einem kroatischen Staat.

ab 1409 Für 100 000 Dukaten verkauft König Ladislaus von Neapel Dalmatien, das fortan unter venezianischer Herrschaft steht (bis 1797); die Republik Ragusa (Dubrovnik) bleibt unabhängiger Stadtstaat.

1667 Das große Erdbeben von Dubrovnik zerstört viele Altstadtgebäude.

1806 Russland und Montenegro kämpfen um Dubrovnik, Napoleon erklärt zwei Jahre später Dubrovnik zu französischem Hoheitsgebiet.

1815 Der Wiener Kongress schlägt Dalmatien und Dubrovnik den Habsburgern zu.

1918 Mit dem Ende des Habsburger Reichs werden Dalmatien und Dubrovnik Teil des neu gegründeten Staates der Serben, Kroaten und Slowenen, dem späteren Jugoslawien; Zadar und die Insel Lastovo verbleiben bis zum Zweiten Weltkrieg bei Italien.

1941–1945 »Unabhängige Republik Kroatien« (NDH) unter Ante Pavelić.

1945 Partisanenführer Tito übernimmt die Macht, wird später zum Staatspräsident auf Lebenszeit.

1971 Niederschlagung des »Kroatischen Frühlings«, Belgrad stoppt den Autobahnbau Zagreb–Split.

1980 Nach dem Tod Titos beginnt der Zerfall Jugoslawiens.

1990 Franjo Tuđman wird erster frei gewählter Präsident Kroatiens.

1991–1995 Unabhängigkeitserklärung Kroatiens; Krieg: Zadar, Šibenik, Dubrovnik stehen unter Belagerung, serbische Besatzung der Krajina.

1995 Operation »Oluja« (Sturm): Vertreibung der Serben aus der Republik Krajina, Rückeroberung von Knin; Friedensvertrag von Dayton: Bosnien und Herzegowina bekommt Adriazugang.

2002 Abzug der UN Beobachtermission von der Halbinsel Prevlaka.

2013 Kroatien wird 28. EU-Mitglied.

2018 Kroatien wird Vize-Weltmeister im Fußball.

2019 Dubrovnik begrenzt die Zahl der Kreuzfahrtschiffe auf zwei pro Tag – und damit auf 5000 Tagesgäste!

2022 Die Brücke auf die Halbinsel Pelješac zur Umfahrung von Bosnien-Herzegowina wird in Betrieb genommen.

Er bestimmte die Geschicke Jugoslawiens von 1945–1980: Josip Broz, kurz Tito

Mini-Sprachführer

Kroatisch für die Reise

Das Wichtigste in Kürze

Deutsch	Kroatisch
Ja/Nein	da/ne
Bitte/Danke	molim/hvala
Hallo!/Tschüss! (leger)	Bok!/Ciao! (beides zur Begrüßung und Abschied); auch: Adio!
Guten Tag!/Auf Wiedersehen!	Dobar dan!/Do viđenja!
Guten Morgen!/Guten Abend!/Gute Nacht!	Dobro jutro!/Dobra večer!/ Laku noć!
Mein Name ist ...	Ja se zovem ...
Entschuldigung!	Oprostite!
Achtung!/Vorsicht!	Pozor!/Oprez!
Ich verstehe Sie nicht.	Ja Vas ne razumijem.
Wie viel kostet ...?	Koliko košta ...?
Damen/Herren	ženski/muški
geöffnet/geschlossen	otvoreno/zatvoreno
gestern/heute/morgen	jučer/danas/sutra
Wie viel Uhr ist es?	Koliko je sati?
Wo ist ...?	Gdje se nalazi ...?
Wie weit ist ...?	Koliko daleko je ...?
Ist das der Weg nach ...?	Da li je ovo put za ...?
Nord/Süd/Ost/West	sjever/jug/istok/zapad
Ich möchte ...	htio/htjela* bih ...
Die Rechnung, bitte!	Račun, molim.
Restaurant	restoran
Auto	automobil/kola
Tankstelle	benzinska postaja
Kraftstoff/bleifrei/Super/Diesel/Autogas	gorivo/bezolovan bzw. bezolovno gorivo/ Super/ Diesel bzw. dizel/autoplin
Panne	nezgoda
Hilfe!	U pomoć!
Fahrrad/E-Bike	bicikl/električni bicikl
Hauptbahnhof	glavni kolodvor
Busbahnhof/Bushaltestelle	autobusni kolodvor/ autobusna postaja
Flughafen	zračna luka/aerodrom
Ausweis	osobna iskaznica
Bank/Geldautomat	banka/bankomat
Arzt	liječnik
Apotheke	ljekarna
Lebensmittelgeschäft/Supermarkt	trgovina živežnih namirnica/supermarket
Tourismusbüro	turistički ured

Wochentage

Deutsch	Kroatisch
Montag/Dienstag	ponedjeljak/utorak
Mittwoch/Donnerstag	srijeda/četvrtak
Freitag/Samstag	petak/subota
Sonntag	nedjelja

Monate

Deutsch	Kroatisch
Januar/Februar	siječanj/veljača
März/April	ožujak/travanj
Mai/Juni	svibanj/lipanj
Juli/August	srpanj/kolovoz
September/Oktober	rujan/listopad
November/ Dezember	studeni/prosinac

htio/htjela = männl./weibl. Wortform

Zahlen

1	jedan	8	osam
2	dva	9	devet
3	tri	10	deset
4	četiri	11	jedanaest
5	pet	12	dvanaest
6	šest	100	sto
7	sedam	1000	jedna tisuća

Hinweise zur Aussprache

lj	wie ›lj‹ (eng zusammen), Bsp.: ulje
nj	wie ›nj‹ (eng zusammen), Bsp.: konj
r	wie ›r‹ (kräftig rollen), Bsp.: riba
s	wie ›ss‹, ß‹, Bsp.: meso
š	wie ›sch‹, Bsp.: šunka
v	wie ›w‹, Bsp.: voda
z	wie ›s‹ (stimmhaft), Bsp.: bazen
ž	wie ›sch‹ (stimmhaft), Bsp.: žeton

Alle Blickpunkt-Themen in diesem Band:

Südliche Fischküche und sonnenverwöhnter Wein	38
Kroatiens begnadeter Bildhauer	58
Kroatiens Mammut-Projekt: die Brücke von Pelješac	98
Mit spitzer Klinge: Korčulas Schwerttänze	102
Winnetous und Robin Hoods Filmheimat: Drehorttourismus	113

Wunderbare Wasserfälle im Wandel	19
Sorgt für Gesprächsstoff: die Bora	23
Lavendelblüte – Sinfonie in Lila	84

Register

A

Adria-Magistrale 22
Alkohol 132
Anreise 125
Arboretum, Trsteno 112
Archipel von Šibenik 52
Archipel von Zadar 33
Arheološki muzej Narona 97
Autofahren 126

B

Babino polje 115
Baćinska jezera 98
Baška Voda 90
Banken 130
Barkajoli 144
Barrierefreies Reisen 127
Bašić, Nikola 31
Betina 44
Biševo 85, 87
Biograd na Moru 37
Blaca, Einsiedelei 80
Blato 102
Bol 78
Bora 23
Božava 35
Brač 3, 78
Brela 90, 91
Brusje 84
Budva 120
Bukovac, Vlaho 117
Burnum 54

C

Cavtat 116
Cigrada 44
Čilipi 119
Čiovo 66
Crkva Sveti Duh 23
Crkva Svetog Nikole 27

D

Dinara 56
Dioklecian, Kaiser 68
Diplomatische Vertretungen 128
Donji Okrug 66
Drniš 54
Dubrovnik 3, 104
– Berg Srđ 109
– Dominikanski samostan 109
– Festung Lovrijenac 105
– Franjevački samostan 107
– Gradske zidine i trvđave 106
– Großer Onofrio-Brunnen 107
– Katedrala Uznesenja Marijina 109
– Kleiner Onofrio-Brunnen 107
– Knežev dvor 109
– Palača Sponza 109
– Stadtmauer 106
– Stradun 107
– Sveti Vlaho 109
– War Photo Limited 109
Dugi otok, Insel 35

E

Einkaufen 128
Einreise 125
Elaphitische Inseln 113
E-Mobilität 135
Entfernungen 125
Essen und Trinken 38
Etnoland Dalmati 56

F

Fähren 80
Feiertage 128
Festung Napoleon 82
Festungsmauer (Ston) 99
FKK 134

G

Galerija od spužava (Insel Krapanj) 53
Galovac 34
Game of Thrones 113
Geld 128
Geschichte 136
Gesundheit 130
Gornja Brela 91
Grohote 78

H

Haustiere 131
Hektorović, Petar 83
Herceg Novi (Montenegro) 120

Register

Hitchcock, Alfred 32
Hotels 134
Hvar 81
Hvar (Stadt) 82

I

Info centar Prosika 39
Information 131
Internet 133
Iž 33

J

Jasenice 22
Jelsa 82
Jerolim 85
Jezera 44
Josip Broz (Tito) 86
Jugo 23

K

Kamičak, Festung 69
Karstlandschaft 19
Kaštela 66
Kaštel Lukšić 67
Kaštel Štafilić 66
Kaštel Sućurac 66
Klapa-Gesänge 51
Klettern 21
Klima 131
Klis, Festung 68
Knin 56
Koločep 114
Komiža 85, 86
Konavle 118
Korallenzentrum
 (Insel Zlarin) 52
Korčula 101
Kornat 45
Kornati 45
Košten 130
Kotišina, Botanischer
 Garten 91
Kotor, Bucht von
 (Montenegro) 119, 120
Krapanj 52
Krka, Kloster 55
Krka, Nationalpark 53
Küche 38
Kudin Most 2
Kumpanija 102
Kuterevo 20

L

Lastovo 116
Lavendel 84
Ljuta 119
Lokrum 112

Lopud 114
Lumbarda 101, 103

M

Maestral 23
Makarska 88
Makarska Riviera 90
Mali Ston 98, 99
Malo jezero 115
Manita peć 20
Marco Polo 102
Marenda 74
Marinkovac, Insel 85
Märkte 128
Maslenica 22
Maslenički most 22
Maslinica 78
Maut 126
Mauzolej Ivana Meštrovića 57
May, Karl 19
Međugorje 113
Memorijalni centar Fausta
 Frančića 52
Meštrović, Ivan 57, 58, 76, 117
Mietwagen 135
Mir, Salzsee 35
Mitteldalmatien 62
Mljet 115
Mljet, Nationalpark 115
Modra špilja 87
Molat 33
Molunat 119
Moreška 102
Mostar 113
Muline 34
Murter 44
Murter (Ort) 44
Murvica 80
Muzej Winnetoua i Karla
 Maya 21

N

Napoleon 116
Nationalpark Kornati 45
Nationalpark Krk 53
Nationalpark Paklenica 20
Nationalpark Plitwitzer Seen 18
Naturpark Telašćica 35
Naturpark Vransko jezero 38
Neretva-Delta 96
Neum 96, 97
Nin 26
Norddalmatien 16, 42
Notfall 132
Novalja 24
Novigrad 23
Novigrader Meer 22

O

Obonjan 52
Odysseus 115
Öffnungszeiten 132
Okrug Gornji 66
Olib 33
Omiš 87
Orebić 100
Oštri rt 119
Otavice 57, 58
Oziđana pećina, Höhle 55

P

Pag 24
Pag (Stadt) 24
Paški most 25
Paški sir 26
Paklenica, Nationalpark 20
Pakleni otoci 85
Pakoštane 39
Palagruža 121
Panne 127
Parken 127
Pasadur 116
Pašman 36
Paulus, Apostel 55
Peka 38
Pelješac 98
Perast (Montenegro) 120
Petrinović-Mausoleum 80
Picigin 78
Pirovac 39
Plaža Pupnatska luka 103
Plaža Stiniva 86
Plitwitzer Seen,
 Nationalpark 18
Podvrške 44
Podzemni grad 20
Polače 115
Posedarje 23
Post 132
Prapratno 100
Prevlaka 119
Primošten 58
Prirodni park Biokovo 91
Prvić 52
Prvić Luka 52
Pučišća 79
Punta rata 91

R

Rauchen 132
Ravnik 85, 87
Reisezeit 131
Rogač 78
Rogoznica 59
Roški slap 54, 55

Register

S

Sakarun 35
Sali 35
Salona 68
Saplunara 115
Scardona Park 56
Šepurine 52
Sibenik 46
– Festung Barone (Šubićevac) 48
– Festung Sveti Ivan 48
– Festung Sveti Mihovil 48
– Festung Svetog Ivana 48
– Gradska loža 47
– Kathedrale Sveti Jakov 47
– Muzej grada Šibenika 48
– Šetnica Svetog Ante 51
Sicherheit 132
Silba 33
Sinj 69
Sinjska alka 69
Šipan 114
Šipanska Luka 115
Skradin 54
Skradinski buk 54, 56
Škrip 81
Skrivena luka 116
Snježnica 119
Sokol grad 119
Solana Nin 26
Solana Pag 24
Solana Ston 99
Šolta 78
Souvenirs 128
Split 70
– Arheološki muzej 76
– Cardo 74
– Decumanus 74
– Dioklecijanovi podrumi 74
– Diokletianpalast 71
– Etnografski muzej 74
– Galerija Ivana Meštrovića 76
– Grgur Ninski-Statue 74
– Jupiterov hram 75
– Kaštilac 76
– Kathedrale Sveti Duje 74
– Marjan 78
– Narodni trg 75
– Peristyl 74
– Riva 70
– Vestibül 74
– Vidilica 78
Sport 133
Stari Grad 82, 83
Starigrad, Festung 88
Starogradsko polje 83
Stinice 56
Stomorska 78
Ston 99
Straßenverkehr 126
Strom 133
Süddalmatien 94
Suđurađ 114
Sumartin 79
Supetar 78
Sveta Marija 115
Sveti Ilja 101
Sveti Jure 91
Sveti Klement, Insel 85
Sveti Mihovil 35
Sveti Nikola, Festung 51
Svetionik Veli rat 35

T

Tanken 127
Taxis 135
Telašćica, Naturpark 35
Telefon 133
Tisno 44
Tito 20, 86
Titova špilja (Vis) 86
Tivat (Montenegro) 120
Tkon 36
Trinkgeld 134
Trogir 64
Trsteno 112
Tuđman, Franjo 57
Tvrđava Fortica 23
Tvrđava Mirabela (Peovica) 87

U

Übernachten 134
Ugljan 34
Ugljan (Ort) 34
Umgangsformen 134
Unfall 127
Uvala Makirina 44

Vaganski vrh 21
Vela Luka 101, 103
Vela špilja 103
Velebit-Gebirge 2, 20, 22
Veliko jezero 115
Veli žal 35
Velo Grablje 84
Verkehrsmittel 135
Verkehrsvorschriften 126
Vid 97
Vidikovac Kamenjak 39
Vidova gora 80
Vis 85
Visovac, Insel 54
Vodice 51
Vrana-See, Vogellehrpfad 39
Vrančić, Faust 52
Vransko jezero, Naturpark 38

W

Währung 128
Wein 38, 59
Winnetou 20, 22, 23
Winnetou Museum 21

Z

Zadar 28
– Arheološki muzej 30
– Gradski bedemi 28
– Gruß an die Sonne 31
– Kathedrale Sveta Stošija 30
– Kirche Sveti Donat 30
– Meeresorgel 31
– Muzej antičkog stakla 29
– Narodni trg 29
– Römisches Forum 29
Za križen (Kreuzprozession) 82
Zelena špilja (Ravnik) 87
Žirje 52, 53
Zlarin 52
Zlatni rat 78, 79
Zmajeva špilja 80
Zmajevo oko 59
Zollbestimmungen 135
Zrće 24
Zrmanja 23
Zrmanja-Canyon 22
Zrmanja-Plateau 22

Bildnachweis

Bildnachweis
Titel: Boote im Hafen von Hvar
Foto: stock.adobe.com (janoka82)
Rücktitel: links: stock.adobe.com (ivanmateev); rechts: stock.adobe.com (zm_photo)

AWL Images Ltd.: A. Copson 4.2; D. Pearson 8, 100; S. Lubenow 104/105 – Hotel Makovia Han 41 – Huber Images: D. Pearson 6/7 – laif: G. Strandl 3.1 – Martinis Marchi Heritage Hotel: 93 – mauritius images: I. Batinic/Alamy 68; R. Hackenberg 76; Travelfile/Alamy 103; S. Vidler 108; Westend61/WeEmm 118; P. Forsberg/People/Alamy 144 – picture alliance: PIXSELL/Borna Filic 75; KEYSTONE 136 – Shutterstock.com: ninopavisic 2.1; OldskoolDesign 3.2; N. Budianska 4.1; A. Tihonovs 7.1; G. Janos 7.2; A. Lande 9; nomadFra 10.1; Y. Simkin 10.2; A. Dadzis 11.1; M. Gogin 11.2; C. Damkaew 11.3; J. T. da Silva 12.1; Darios 12.2; Mrak.hr 12.3; Dziurek 13.1; M. Paschos 13.2; science photo 13.3, 53; Plotnikov 14/15; bikemp 17; LeonP 18; sparc 21; xbrchx 24, 27, 34, 46/47, 86, 117; pixeldreams.eu 25; A. Bogacki 28/29; H. Hruby 37; biggunsband 44; D. Buble 50; Pecold 57; R. Maciejewski 59; D. Mammoser 63, 83; Dreamer4787 64/65; LianeM 67, 96; A. Orekhov 70/71; DyziO 89; T. Popova 90; OPIS Zagreb 95.1, 114; T. Wilbertz 95.2; G. Jakus 111; canvaspix 121;S. Tafra 129 – stock.adobe.com: xbrchx 2/3; xbrchxl 33; mojolo 43.1; lexlero 43.2; brozova 54; L. Smokovski 79; D. Bajurin 99

Impressum

© 2022 GRÄFE UND UNZER VERLAG GmbH,
Postfach 86 03 66, 81630 München

Markenlizenz der ADAC Medien und
Reise GmbH, München

ISBN 978-3-98645-010-6

2. Auflage 2022

Alle Rechte vorbehalten. Nachdruck, auch auszugsweise, sowie Verbreitung durch Film, Funk, Fernsehen und Internet, durch fotomechanische Wiedergabe, Tonträger und Datenverarbeitungssysteme jeglicher Art nur mit schriftlicher Genehmigung des Verlags.

Autorin: Veronika Wengert
Redaktion: Gernot Schnedlitz
Lektorat und Satz: Gudrun Raether-Klünker, Thomas Rach, www.bintang-berlin.de
Bildredaktion: Dr. Nafsika Mylona
Reihengestaltung: Eva Stadler, München; Independent Medien Design, Horst Moser, München
Kartografie: Huber Kartographie GmbH, www.kartographie.de
Herstellung: Mendy Willerich
Druck und Bindung: Drukarnia Dimograf

Wichtiger Hinweis
Die Daten und Fakten für dieses Werk wurden mit äußerster Sorgfalt recherchiert und geprüft. Wir weisen jedoch darauf hin, dass diese Angaben häufig Veränderungen unterworfen sind und inhaltliche Fehler oder Auslassungen nicht völlig auszuschließen sind, zumal zum Zeitpunkt der Drucklegung die Auswirkungen von Covid-19 auf das Hotel- und Gastgewerbe vor Ort noch nicht vollständig abzusehen waren. Für eventuelle Fehler oder Auslassungen können Gräfe und Unzer, die ADAC Medien und Reise GmbH sowie deren Mitarbeiter und die Autoren keinerlei Verpflichtung und Haftung übernehmen. Aus Gründen der besseren Lesbarkeit wird in diesem Buch bei Personenbezeichnungen das generische Maskulinum verwendet. Es gilt gleichermaßen für alle Geschlechter.

Ansprechpartner für den Anzeigenverkauf:
KV Kommunalverlag GmbH & Co. KG,
MediaCenter München, Tel. 089/928 09 60

Bei Interesse an maßgeschneiderten B2B-Produkten:
roswitha.riedel@graefe-und-unzer.de

Leserservice
GRÄFE UND UNZER Verlag
Grillparzerstraße 12
81675 München
www.graefe-und-unzer.de

Ein Unternehmen der
GANSKE VERLAGSGRUPPE

Anzeige

Qualitätsmietwagen von Premium-Anbietern mit All-Inclusive-Leistungen.

Buchen Sie jetzt Ihren ADAC Mietwagen mit Rundum-sorglos-Paket und Best-Preis-Garantie auf adac.de/autovermietung, unter (089) 76 76 20 99 oder in allen ADAC Geschäftsstellen.

Ihr persönlicher Gutschein-Code im Wert von 20 Euro* ist hier abrufbar: adac.de/ferienmietwagen-gutschein

* Nur gültig für eine Mietwagen-Anmietung bis einschließlich 31.12.2023 mit einer Mindestmietdauer von 5 Tagen.